浙江省自然科学基金项目资助（LQ22G030003）
浙江理工大学基本科研业务费专项资金资助（25096075-Y）
浙江理工大学学术著作出版资金资助（2025年度）

农村劳动力迁移的
人力资本效应研究

刘　静◎著

中国财经出版传媒集团

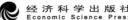

经济科学出版社
Economic Science Press

·北　京·

序

农为邦本，本固邦宁。在中国式现代化的宏伟蓝图中，农业农村现代化不仅是历史的必然选择，更是实现共同富裕的关键路径。然而，城乡二元结构的路径依赖、要素流动的制度性壁垒以及人力资本积累的长期滞后，仍如无形枷锁，制约着农业农村现代化的纵深推进。破解这些深层矛盾，亟须以制度重构为支点，撬动系统性变革。这一进程中，既要依托市场机制、产业政策的"硬驱动"，拓展农民农村共同富裕的实践路径，例如通过产业链延伸、数字技术下沉激活乡村经济活力；亦需重视文化与教育的"软牵引"，以"扶志"破除精神贫困，以"扶智"打破能力桎梏，最终实现"赋权"与"赋能"的双向共振。

《农村劳动力迁移的人力资本效应研究》一书，正是在这一宏观背景下对农村劳动力迁移与人力资本发展关系进行的深入探讨和系统研究。在本书中，作者不仅系统回顾了农村劳动力迁移的相关理论和文献，构建了农村劳动力迁移人力资本效应的理论逻辑与分析范式，而且通过采用多种计量方法对大量数据进行实证检验，得出了一系列具有启发性的结论。

书中特别强调了农村劳动力迁移对于人力资本配置和投资的双重效应。一方面，迁移作为一种人力资本投资行为，能够促进农村劳动力既有人力资本的优化配置，提高其教育回报率；另一方面，迁移还能够通过改变农村劳动力的教育观念和投资行为，增加对自身及其子女的人力资本投资，从而实现人力资本的增值。此外，本书还探讨了农村劳动力迁移所带来的人力资本效应在宏观层面的影响，特别是对农民工市民化进程的推动作用。在当前中国城镇化快速发展的背景下，这一议题具有极强的现实关联性和政策指导价值。唯有打破城乡二元壁垒，完善教育、培训、社会保障等配套制度，方能真正释放"人力资本红利"，推动农村劳动力从"流动"走向"扎根"。

我始终觉得农业农村现代化的核心在于"人的现代化"，本书的结论与这一观点高度契合。作者提出的构建技能培训长效机制、重视随迁子女教育、推进市民化进程等政策建议，既体现了对市场机制与产业政策的灵活运用，也彰显了"扶志扶智"的文化治理思维。这些建议不仅有助于优化人力资本结构，更能为城乡融合发展注入持久动力。

纵观全书，理论深度与实证厚度并重，学术价值与实践意义兼具。在"人口红利"向"人力资本红利"转型的关键期，本书的研究成果既是对现实问题的积极回应，亦为学术探索提供了可延伸的对话空间。期待本书能够激发更多的学者和政策制定者关注农村劳动力迁移与人力资本发展的问题，共同推动我国社会经济的可持续发展。也期待刘静博士在这一领域继续深耕，收获更丰硕的成果。

张锦华

2025 年 2 月

前　言

　　农村剩余劳动力大规模向城市迁移所形成的
"人口红利"在过去几十年的中国经济奇迹增长
中发挥了巨大作用。然而，随着我国老龄化程度
加深、劳动年龄人口减少以及农村转移劳动力增
速下降，以往的劳动力投入型经济增长模式不再
可行，开发"人力资本红利"成为缓解"人口红
利"消失对我国经济发展不利影响、助力我国经
济实现可持续发展的新引擎。

　　提升农村劳动力人力资本水平是开发"人力
资本红利"的关键。迁移作为一种人力资本投资
形式，可以产生人力资本效应，实现农村劳动力
人力资本的增值和增加。一方面，迁移具有人力
资本配置效应，合理地迁移或流动可以实现农村
劳动力既有人力资本的优化配置；另一方面，迁
移具有人力资本投资效应，迁移可以开阔农村劳

动力视野，使其认识到人力资本的重要性，从而增加对自身及其子女的人力资本投资。那么，如何更好地将农村劳动力的人力资本进行培育？如何更有效地发挥迁移对农村劳动力"人力资本红利"开发的驱动作用？这些正是本书亟待思考和解决的问题。

从现有研究来看，将迁移视作一种人力资本投资，既在微观层面分析迁移决策行为，又在宏观层面探讨迁移整体影响的系统性研究并不多见，且现有文献多以描述性、表征性研究为主，缺乏对迁移与人力资本之间关系更为深层的分析与探讨。本书正是在这一现实背景下，在理论层面分析农村劳动力迁移影响其人力资本配置及人力资本投资的作用机制，在实证层面检验上述理论机制的存在性及其有效性，以期为农村劳动力人力资本提升及优化配置提供迁移层面的证据和补充。不仅如此，农村劳动力迁移所产生的人力资本效应对经济社会发展方方面面都会产生影响，而市民化是农村劳动力由"候鸟式"迁移向"生根式"迁移转变的最后环节，具有牵动整个社会经济发展神经的全局意义。因此，有必要对本书进行拓展，进一步探讨农村劳动力迁移所带来的人力资本效应在宏观层面的影响。

本书在系统回顾相关理论和文献的基础上，构建了农村劳动力迁移人力资本效应的理论逻辑与分析范式，细致梳理了农村劳动力迁移对人力资本配置及人力资本投资的影响机理和作用路径，并以国家卫生健康委"流动人口动态监测调查"数据、上海财经大学"外出务工人员流动情况与影响因素综合调查"数据和中国人民大学"中国教育追踪调查"数据为样本，采用处理效应模型、PSM 模型、两部分模型、HLM 模型以及需求可识别双变量 Probit 模型等多种计量方法进行实证检验。通过理论与实证分析，主要得到以下结论：

第一，农村劳动力可以通过迁移实现既有人力资本的优化配置，即迁移可以使农村劳动力获得更高的人力资本回报，但迁移对农村劳动力人力资本的优化配置效应存在门槛值和异质性。一方面，只有达到一定教育程度（初中及以上）的农村劳动力才可以通过迁移实现人力资本优化；另一方面，迁移对农村劳动力人力资本的优化配置效应因迁移选择而异，相比在本地务工的农村劳动力和在中小城市务工的农村劳动力，跨地区务工的农村劳动力和在大城市务工的农村劳动力通过迁移获得的人力资本配置效应更加显著。

第二，迁移不仅可以使农村劳动力既有人力资本实现优化配置，还可以使农村劳动力更加重视自身的人力资本投资，通过技能培训投资，农村劳动力可实现收入的显著增加。进一步地，技能培训对农村劳动力收入增加的效果因培训类型和迁移选择而异，农村劳动力自费参与的社会培训增收效果最为显著，企业培训次之，政府培训的增收作用则不理想。此外，跨地区迁移的农村劳动力其培训增收效果显著好于本地农村劳动力的培训增收效果。

第三，对于已婚已育的农村劳动力而言，其人力资本投资不仅体现在自身培训投资上，还体现在其对子女的教育投资上。农村劳动力对子女的教育投资体现在两个方面，一是让子女随迁就学以接受更好的教育，二是对子女教育的物质和时间投入程度。其中，子女随迁就学决策受制于农村劳动力的迁移距离，迁移距离越近，子女随迁就学概率越高，此外，举家迁移农村劳动力在子女教育投资上具有明显优势。

第四，受户籍制度限制，农村劳动力在迁入城市之后并未完全实现向城市人口的转变，实际上，农村转移劳动力市民化对整个国家的城市化、工业化以及地区经济发展方式转变意义重大。然而，目前我国农村转移劳动力市民化仍处于一个较低的水平，人力资本是影响农村转移劳动力市民化需求和供给的关键。同时，农村转移劳动力市民化程度因其迁入城市的不同而存在差异，城市异质不仅可以直接影响农村转移劳动力的平均市民化程度，还可结构性地调整农村转移劳动力个体特征与市民化程度之间的关联强度，例如，城市经济发展水平可较为明显地增强教育程度、技能培训与农村转移劳动力市民化程度之间的正向关联。

最后，根据理论分析和实证检验结果，并结合中国当前的实际情况，提出统筹施策促进农村劳动力合理有序流动、构建农村劳动力技能培训长效机制、重视农村转移劳动力子女教育问题、立足城市差异制定农村转移劳动力市民化政策等建议。由于具有坚实的微观基础，根据研究结论制定的政策更加有助于实现人力资本宏观结构合理化，可为我国"新常态"发展、城市化推进、"人力资本红利"开发提供智力支持，也可为相关部门决策提供参考和科学依据。

刘　静

2025 年 2 月

于杭州

目　录

| 第一章 | 绪论 / 1

第一节　问题的提出 / 1

第二节　核心概念界定 / 6

第三节　研究内容、技术路线与研究方法 / 10

第四节　可能的创新与不足 / 16

| 第二章 | 经典理论、研究进展与中国现实：综述与分析 / 19

第一节　经典理论 / 19

第二节　研究进展 / 27

第三节　中国现实 / 38

第四节　本章小结 / 55

| 第三章 | 农村劳动力迁移的人力资本效应：模型、机制与假说 / 57

第一节　农村劳动力迁移与既有人力资本优化配置 / 58

第二节　农村劳动力迁移与自身培训投资增收效应 / 63

第三节　农村劳动力迁移与家庭人力资本投资决策 / 66

第四节　本章小结 / 68

| 第四章 | **农村劳动力迁移与既有人力资本优化：学历教育的配置效应 / 70**

第一节　研究基础 / 71

第二节　研究方法与数据来源 / 72

第三节　农村劳动力迁移对学历教育优化配置的实证
　　　　结果分析 / 76

第四节　农村劳动力迁移对学历教育优化配置影响的
　　　　异质性考察 / 82

第五节　本章小结 / 88

| 第五章 | **农村劳动力迁移与自身人力资本投资：技能培训的增收效应 / 90**

第一节　研究基础 / 91

第二节　研究方法与数据来源 / 93

第三节　农村劳动力迁移对技能培训增收效应影响的
　　　　实证结果分析 / 98

第四节　农村劳动力迁移对技能培训增收效应影响的
　　　　异质性考察 / 106

第五节　进一步讨论：政府培训失效——需求不足抑或
　　　　供给错配？ / 110

第六节　本章小结 / 112

| 第六章 |　**农村劳动力迁移与家庭人力资本投资：子女教育的**
　　　　　　投资效应 / 114

　　第一节　研究基础 / 115

　　第二节　研究方法与数据来源 / 117

　　第三节　农村劳动力迁移对子女随迁就学决策影响的
　　　　　　实证结果分析 / 123

　　第四节　农村劳动力迁移对子女人力资本投资影响的
　　　　　　实证结果分析 / 133

　　第五节　本章小结 / 138

| 第七章 |　**农村劳动力迁移的人力资本效应的宏观影响：**
　　　　　　拓展性研究 / 140

　　第一节　研究基础 / 141

　　第二节　研究方法与数据来源 / 144

　　第三节　农民工市民化程度及影响因素分析 / 152

　　第四节　农民工市民化程度的城市异质性考察 / 156

　　第五节　本章小结 / 159

| 第八章 |　**结论与启示** / 161

　　第一节　主要结论 / 162

　　第二节　政策启示 / 165

　　第三节　进一步讨论 / 171

参考文献 / 174

第一章

绪　　论

第一节　问题的提出

一、促进我国经济发展的"人口红利"正在逐渐消失

"人口红利"一直被视作过去几十年中国经济增长奇迹的重要源泉。改革开放以来，农村剩余劳动力大规模向城市迁移，丰富的劳动年龄人口和较高的劳动参与率为我国经济发展提供了较低的社会抚养负担和充足的劳动力供给。进入21世纪，我国人口出生率迅速下降并长期维持在较

低水平，老龄化程度日益加剧，大城市及沿海地区频陷"用工荒""招工难"窘境，有利的人口条件支撑经济长远发展的作用难以为继。

自 2000 年进入老龄化社会以来，我国的人口老龄化速度呈现明显加速态势。2000 年我国 65 岁及以上人口占比达到 7%，开始进入老龄化社会；2021 年我国 65 岁及以上人口占比超 14%，开始进入深度老龄化社会；2022 年、2023 年我国 65 岁及以上老年人口占比分别达到 14.9%、15.4%[1]，日益严重的人口老龄化正在改变国家发展的人口基础。根据预测，2050 年我国老年人口规模将增至 4.8 亿，比当前规模扩大 2.09 倍，届时中国将跨入世界高水平老龄化国家的行列。[2] 与老龄化程度持续加深并存的是劳动年龄人口的减少。从全国人口普查和人口抽样调查数据来看，2010 年后，我国劳动年龄人口占总人口的比重开始下降，自 2012 年起，我国劳动年龄人口的绝对规模也开始呈现逐渐下降的态势。截至 2023 年末，我国劳动年龄人口降至 8.6 亿人，占总人口比重的 61.3%。[3] 根据人社部的预测，我国劳动年龄人口的下降还会持续，到 2050 年，将下降至 7 亿人左右。[4] 种种迹象均表明，我国劳动力正从无限供给向有限供给转变，"人口红利"趋于耗竭（陆旸和蔡昉，2013）。当前，我国经济发展已经进入新的阶段，以往低水平利用"人口机会窗口"的传统经济发展模式不再可行，急需挖掘我国经济增长的新源泉，启动新引擎（蔡昉，2010）。

城镇化是大多数人所期待的新引擎，但是，如果以农村劳动力进城为表征的城镇化进程不再能够保持过去的提高速度，如何利用这个潜在的经济增

---

① 中华人民共和国民政部. 2023 年度国家老龄事业发展公报 ［EB/OL］. https：//www. mca. gov. cn/n152/n165/c1662004999980001752/content. html，2024 － 10 － 11.

② 吴玉韶，党俊武. 老龄蓝皮书：中国老龄产业发展报告（2014）［M］. 北京：社会科学文献出版社，2014.

③ 国家统计局. 2023 年国民经济和社会发展统计公报 ［EB/OL］. https：//www. stats. gov. cn/sj/zxfb/202402/t20240228_1947915. html，2024 － 02 － 29.

④ 人社部：延迟退休对就业影响有限，对养老金待遇影响不大 ［EB/OL］. 新华网，http：//www. xinhuanet. com/fortune/2016 － 07/22/c_1119266206. htm，2016 － 07 － 22.

长源泉呢？更何况，当前的城镇化被众多学者认为是不完全的、不彻底的城镇化（蔡昉，2009），农村转移劳动力虽然是城市的常住人口，却无法享受城市居民医疗、教育、社会保障、住房等方面的待遇，从而城镇化作为经济增长引擎的作用也很难从当前的城镇化模式中完全发挥出来。为解决日益凸显的人口结构失衡、保持经济稳定增长，我国政府密集调整了人口和计划生育政策。然而，持续走低的整体生育意愿很难及时有效地改善当前我国劳动力不足的困境。实际上，随着新一轮产业革命，特别是机器人、人工智能的发展，经济增长对劳动力数量增长的依赖性在不断下降，对劳动者技能的需求大大提升，高质量的有效劳动力供给才是为经济可持续发展提供续航的动力（原新等，2017）。因此，尽快提高劳动力队伍素质，以质量取代数量成为大家的共识。劳动力质量的提高将进一步释放"新人口红利"，即形成质量型的"人才红利"或"人力资本红利"（张同斌，2016）。在我国人口发展的深度转型期，"人力资本红利"的形成与扩大将成为缓解数量型"人口红利"消失对我国经济发展不利影响、助力我国经济实现中高速增长的新源泉和新引擎。

二、开发"人力资本红利"的关键是农村劳动力及其子女的教育和培训

我国"人力资本红利"开发的重点主要在如下两个方面：一是大力加强教育和培训，这既包括对基础教育的加强和均等化，也包括强化对现有产业工人队伍的职业技能培训；二是采取多种措施鼓励更多大学生加入产业工人队伍，这既能在相对较短时间内优化产业工人队伍素质，还能起到缓解大学生就业难和农民工招工难的"两难"困境。目前，我国"人力资本红利"开发过程中，最薄弱也是最关键的环节是农村转移劳动力（即"农民工"群体）及其子女的教育和培训问题。农村转移劳动力作为我国劳动力的主体力

量，为我国城市经济建设立下了汗马功劳。但就农村转移劳动力自身而言，其人力资本水平普遍偏低。一方面，农村转移劳动力受教育程度低。大部分农村学生初中毕业后即进入劳动力市场，尚不具备应有的职业技能和水平。国家统计局监测报告显示，迄今仍有76.2%的农村转移劳动力只有高中以下文化水平，如果横向进行国际比较，在G20国家中，中国的人力资本构成指数（反映一国劳动力素质）一直徘徊在倒数三四位，缺乏高素质的劳动力已成为我国由"制造大国"向"制造强国"转变的重大障碍。① 另一方面，农村转移劳动力培训不足。已有研究表明，职业培训能够显著提升劳动力的工资水平，尤其是对那些能力和技能水平偏低的农村转移劳动力而言。然而，目前我国仍然有65.2%的农村转移劳动力尚未接受过任何技能培训。② 随着我国农村剩余劳动力大量向东部及沿海地区集聚，东部地区的农村转移劳动力数量几乎是两倍于中部地区、三倍于西部地区，但在大量人口向东部地区转移的时候，东部地区的技能培训机构数量和培训人数并没有多于西部地区太多，这说明我国对培训机构的投入和劳动力流动的空间分布也存在脱节。此外，农村剩余劳动力流入城市，随之而来的是其子女的教育问题。

有些有未成年子女的农村劳动力选择将子女一起带到流入地，有些则选择让子女留守在老家，还有一些大龄儿童独自外出求学或务工。农村儿童的流动和留守状态并不总是固定的，可能随着家庭状况、个人所处的年龄和受教育阶段在流动与留守之间转换。2020年全国流动儿童7109万人，占全部儿童比例的23.90%。流动儿童主要来自农村地区，占全部流动儿童的79.70%。③ 由于城市教育资源的稀缺性和有限性，教育的布局规划很难及时对扩张的教育需求作出调整，大量流动儿童依然处于"门槛"之外，教育质

---

① 李长安. 挖掘二次人口红利，迈向制造强国 ［N］. 环球时报，2015 – 05 – 28.
② 李莉. 农民工技能状况及相关政策分析 ［EB/OL］. 人民论坛，http：//www. rmlt. com. cn/2016/0630/430887. shtml？ from = timeline，2016 – 06 – 30.
③ 国家统计局. 2020 年中国儿童人口状况：事实与数据 ［EB/OL］. https：//www. stats. gov. cn/zs/tjwh/tjkw/tjzl/202304/t20230419_1938814. html，2023 – 04 – 19.

量难以保证。不仅如此，留守儿童的问题在近几年也得到了越来越广泛的关注。2020年全国留守儿童6693万人，其中，农村留守儿童规模达到了4177万人，占全部留守儿童数量的62.40%，占全部农村儿童的37.90%，也就是说，每10名农村儿童近4名是留守儿童。由于无法与父母生活在一起，农村留守儿童的教育和生活境况令人担忧，而这些流动和留守儿童，正是我国未来的劳动力供给。随迁子女在哪里接受教育、接受怎样的教育逐渐成为公众关注的焦点（邬志辉和李静美，2016）。

三、迁移是农村劳动力人力资本增加和增值的重要方式

为获得更好就业机会而进行的迁移与教育和培训一样，属于人力资本投资的范畴（Schultz，1961；Becker，1964），然而，不同的人力资本投资内容或途径之间存在一定差异，如果说教育和培训的作用是增加一个人所掌握的人力资本存量，那么迁移的作用则是促进其人力资本得到更有效地利用。实际上，迁移是农村劳动力实现人力资本增加和增值的重要方式，即迁移具有人力资本效应（张锦华和刘静，2018），具体体现在以下两个方面：第一，迁移具有人力资本配置效应。通过合理地迁移或流动，在宏观上可以实现人力资本的优化配置，调整人力资本分布的稀缺程度；在微观上可以使人力资本实现最有效和最获利的使用，即劳动力迁移有利于提高人力资本的利用效率，使之在社会经济中实现优化配置。第二，迁移具有人力资本投资效应。劳动力迁移不仅使劳动者现存的人力资本得到有效的配置，实现不断增值，同时还可以改变劳动者的观念和意念，使其认识到教育的重要性，从而更加重视人力资本投资，促进人力资本的形成（侯力，2003）。已有学者证实了上述观点，认为外出务工可以改变对教育重要性的认识，即外出务工的农村劳动力可能会提高自身培训和子女教育投资（吴继煜，2006）。在这种情势下，如何更好地将农村劳动力的人力资本进行培育？如何更有效地发挥迁移

对我国"人力资本红利"开发的驱动作用？这正是本书亟待思考及解决的问题。不仅如此，市民化作为农村劳动力由候鸟式迁移（短期性、易变性）向生根式迁移（长期性、根植性）转变的最后环节，是我国社会经济发展的必然结果，具有牵动整个社会经济发展神经的全局意义。从更深层次来看，农村转移劳动力市民化还是推动我国由数量型"人口红利"向质量型"人力资本红利"转变的重要力量（郭庆松，2011）。那么，农村劳动力迁移所带来的人力资本的变化对市民化产生了怎样的影响？值得进一步探讨。

从现有研究来看，将迁移视作一种人力资本投资，既在微观层面分析迁移决策行为，又在宏观层面探讨迁移整体影响的系统性研究并不多见，且现有文献多以描述性、表征性研究为主，缺乏对迁移与人力资本之间关系更为深层的分析与探讨。基于此，本书将运用现代经济学的理论和模型对农村劳动力迁移的人力资本效应进行理论研究和实证检验，并在此基础上进一步探讨农村劳动力迁移的人力资本效应在推进我国市民化进程方面的宏观影响，从而为农村劳动力人力资本提升及优化配置提供了迁移层面的证据和补充，为相关部门提供科学依据及更灵活、更有针对性的决策参考。

第二节　核心概念界定

在进入正式研究与讨论之前，有必要先对本书的研究对象和使用的一些基本概念及相关概念进行界定与说明。

一、农业转移人口、农民工与农村转移劳动力

目前，对"农业转移人口"并没有明确一致的界定，因此在研究中容易与"农民工"的概念相混淆。"农业转移人口"这一表述的产生和使用始于

2009 年的中央经济工作会议，会议指出"要把解决符合条件的农业转移人口逐渐在城镇就业和落户作为推进城镇化的重要任务"，而后"农业转移人口"这一称谓在党中央、国务院有关文件以及国家部分领导讲话中多次出现并被学者广泛使用。①"农民工"是指户籍仍在农村、在本地从事非农产业或外出从业 6 个月及以上的劳动力。②"农业转移人口"关注的重点是农业人口从农村向城镇转移进而逐步成为城镇居民的过程，"农民工"体现的则是进城务工人员的职业及身份（程业炳和张德化，2016）。"农业转移人口"的内涵和范围比"农民工"更加丰富，既有农业剩余劳动力又包含农村非劳动适龄人口，而"农民工"是农业剩余劳动力，即在农村劳动力中剔除从事农业生产的必要劳动力的那部分农业人口。具体而言，"农业转移人口"包括以下两类人群：第一，户籍仍在农村但已经从农村迁移到城镇工作生活或在农村与城镇之间流动的农业人口；第二，户籍已在城镇且在城镇工作生活的一小部分城镇居民。其中，第一类群体在农业转移人口中占据较大比例，第二类群体则是在城市向外扩张的过程中由于承包地、宅基地被征用而被动地从农村居民转变为城镇居民。

21 世纪以来，农民外出务工的逻辑发生改变，"农民工"从"剩余劳动力""流动人口"日益成为倾向于定居城市的"新市民""新移民"（孙中伟和刘林平，2018）。可见，"农民工"并非是一个固定不变的阶层，和"农民"一样，"农民工"也正发生着巨大的分化。伴随"农民工"流入市场经济的各阶层，有的成为企业主、个体户，有的成为种田大户。此外，不同区域"农村转移劳动力"与"农民工"的关系也已然不同，沿海发达地区农村

---

① 邱鹏旭. 对"农业转移人口市民化"的认识和理解［EB/OL］. 人民网，http://theory. people. com. cn/n/2013/0313/c40537 - 20778267. html，2013 - 03 - 13.

② 根据世界银行的定义，劳动力是指"在劳动年龄范围内（15 ~ 64 岁）有劳动能力的人口，即已参加劳动或可能参加劳动的人"。本书采用世界银行的定义并根据《中华人民共和国劳动法》中有关退休年龄的规定作出了相应地调整，将劳动力定义为劳动年龄范围内（15 ~ 59 岁）有劳动能力的人口（在校学生和服兵役人员除外）。

或大城市郊区的"农村转移劳动力"已经不能再用"农民工"去概括。基于此，本书将使用"农村转移劳动力"的概念，在大多数情况下，"农村转移劳动力"与"农民工"的意义相同。

二、劳动力迁移与流动

我国学术界对人口迁移现象的表述主要有两种：一种是迁移，另一种是流动。但对上述两种概念的区别目前仍有较多讨论。最初，迁移与流动概念的区分源于我国传统的统计定义，即将户籍变动的居住地变化定义为迁移，将没有户籍变动的居住地变化定义为流动，也就是说，是否获得了常住地的户籍成为我国划分人口迁移与流动的重要标识。然而，由于我国城乡二元体制的障碍，没有户籍变动的劳动力流动现象越来越普遍，上述区分方式已经意义不大（蔡昉，2000）。随后，在相关研究中，迁移更多用于强调人口分布在空间位置上的变动，即人口在两个地区间的空间移动，而流动不仅指地域间的流动，即以谋求职业为目的的跨区域的非稳定性的位置转换，还包括行业间的流动，即产业间或在产业内部不同行业间的流动（孙战文，2013）。本书考察的重点是农村劳动力空间位置的转换，在研究空间位置的转换时，迁移和流动的概念是相同的，因此本书不对二者进行严格区分，都是指劳动力以寻找新的就业机会为主要动机的跨地区移动。

三、人力资本与人力资本投资

"人力资本理论之父"西奥多·舒尔茨（1961）指出，人力资本是凝结在劳动者身上的知识、技能以及所表现出来的能力（Schultz，1961），开创了现代人力资本理论体系。随着人力资本逐渐成为经济增长的源泉，其内涵也在不断丰富。现代西方主流经济学家对人力资本进行了综合性的界定，认为人力资本是劳动者知识程度、技术水平、个人能力、工作经验及健康状况等方面价值的总和（高一兰，2016），而劳动者人力资本水平的高低取决于其在上述方面所进行的投资。除各级正规教育、职业技术培训和健康保健投资之外，对孩子的培养、寻找工作的活动以及劳动力的迁移流动也属于人力资本投资的范畴。通过人力资本投资，劳动者可在未来获取价值增值的劳动产出及由此带来的收入的增加或者其他收益。值得一提的是，人力资本不同于人力资源，人力资源是指具有劳动能力的人口的总和，自然形成的人力资源需要经过特定的人力资本投资才可以转化为人力资本（贺雄，2012）。对于人力资本的衡量，学术界一直没能达成一致的看法（杨仁发，2013）。由于接受学校教育是人力资本形成和积累最主要的途径，因此，现有研究大多以受教育年限作为人力资本水平的代理变量。然而，受教育年限并不是衡量人力资本的一个合理指标，教育远远没有抓住体现在人身上的知识、技能的丰富内容，仅以受教育年限代替人力资本将存在一定的局限性，劳动者还可以通过技能培训、经验积累和健康保健等方式提升人力资本。但限于数据的可获取性，在分析农村劳动力迁移的人力资本效应时，本书仅考察迁移对农村劳动力正规教育和技能培训的影响，对健康及经验等暂不进行考察。

四、农村转移劳动力市民化

关于农村转移劳动力市民化问题，学界已经进行了大量研究。农村转移劳动力市民化有狭义和广义之分，其中：狭义市民化是指农村转移劳动力获得作为城市居民的身份和权利，即获得城市户口，是技术层面上的市民化（陈映芳，2003）；广义市民化是指在现代化建设过程中借助城市化以及工业化的推动，使农村转移劳动力在身份、地位、价值观、社会权利以及生产生活方式等各方面全面向城市市民转化，以实现城市文明的社会变迁过程，是社会文化层面上的市民化过程（文军，2004）。总的来说，农村转移劳动力市民化是指农村转移劳动力转为城市居民，在城市化的过程中，伴随着身份的改变、职业的改变、思想观念的改变、生活方式的转换、行为方式的规范、社会心理的调整和对城市文化的认同（刘方涛和程云蕾，2015），是生存职业、社会身份、自身素质以及意识行为四个层面的城市化（刘传江和程建林，2008）。实际上，农村转移劳动力市民化是一个复杂的系统工程，涉及农村和城市两个环境，大规模动员农民进城在理论上可行，但在实践上极有可能导致农村转移劳动力沦为城市贫民（黄锟，2009）。因此，要解决农村转移劳动力的市民化问题，必须解决农村转移劳动力在城镇的就业、住房、子女教育以及市民化的社会保障、医疗保险等公共服务问题（于建嵘，2010）。

第三节　研究内容、技术路线与研究方法

一、研究内容

本书的研究内容可分为以下五个部分：第一部分是支持性研究，以国外经典理论为立足点，系统梳理国内外相关领域的相关研究，并对我国农村劳动力迁移现状及人力资本情况进行描述性分析；第二部分是理论研究，在理论层面构建本书的研究框架、厘清作用机制并提出研究假说；第三部分是实证研究，在实证层面运用相应计量模型检验理论机制和相应假说；第四部分是拓展性研究，在实证基础上的进一步探讨及拓展；第五部分是对策研究，根据相关经济理论和本书的研究结论，结合当前经济社会形势，提出相应政策建议，并对进一步研究进行展望。各部分具体内容表述如下：

（一）支持性研究——经典理论、研究进展与中国现实

关于农村劳动力迁移的研究，国内外已有很多较为成熟的理论和方法，对这些理论和方法进行回顾和综述有助于提升本书对该领域研究的理解和认识，更是本书深入开展研究的出发点。在支持性研究的部分，首先，在劳动力迁移理论、人力资本理论以及人力资本视角下的劳动力迁移理论三个方面对相关经典理论进行梳理和评述；其次，在对相关经典理论梳理及评述的基础上，进一步对核心章节的相关研究文献进行梳理及评述，具体从劳动力城乡迁移的研究、农村劳动力人力资本投资的研究、农村劳动力迁移对其人力资本的影响研究、农村劳动力家庭人力资本投资的研究以及农村转移劳动力市民化的研究五个方面展开；最后，在系统梳理经典理论和研究进展的基础上，运用相关统计数据对我国农村劳动力的迁移特征、教育程度、培训情况以及农村劳动力下一代的人力资本情况、农村转移劳动力的市民化情况进行多维度考察，并从内部结构及其变化的角度进行更加细致的描述。

（二）理论研究——模型、机制与假说

在对相关理论和文献进行综述与分析的基础上，引入本书的整体分析框架，以期为后续研究提供坚实的理论基础。农村劳动力迁移的人力资本效应体现在两个方面：一是农村劳动力迁移的人力资本配置效应，即农村劳动力可以通过迁移使其既有人力资本得到优化配置，从而获得更高的教育回报；二是农村劳动力迁移的人力资本投资效应，即农村劳动力可以通过迁移改变其对教育重要性的认识，从而更加重视人力资本投资，不但包括对自身的培训投资，也包括对子女的教育投资。基于此，理论研究部分将在农村劳动力迁移与既有人力资本优化配置、农村劳动力迁移与自身培训投资增收效应、农村劳动力迁移与家庭人力资本投资决策三个层面分析农村劳动力迁移的人

力资本效应的理论逻辑与作用机制，构建农村劳动力迁移人力资本效应的理论逻辑与分析范式，并提出相应的研究假设。理论研究部分是对表象问题的深化分析，通过对问题的细致探讨和深入挖掘，能够揭示问题背后更深层次的逻辑关系和内在机制，可为理解和揭示研究问题的本质提供逻辑思路与理论参考，为研究提供主要的理论支撑。

（三）实证研究——农村劳动力迁移的人力资本效应

实证研究部分与上一部分的理论框架相呼应，将为本书研究提供主要的实证证据。首先，实证检验农村劳动力迁移的人力资本配置效应，考察农村劳动力迁移是否会对其既有人力资本优化配置产生影响，即在农村劳动力教育程度给定的情况下，分析迁移能否使农村劳动力获得更高的教育回报。其次，实证检验农村劳动力迁移对自身人力资本投资产生的影响，考察农村劳动力迁移对其培训参与以及培训效果的影响。最后，实证检验农村劳动力迁移对子女人力资本投资的影响，考察农村劳动力迁移对子女是否随迁接受教育以及子女人力资本投资的影响。

（四）拓展性研究——农村劳动力迁移的人力资本效应在宏观层面的影响

农村劳动力迁移所产生的人力资本效应对经济社会发展的方方面面都会产生影响，本章将对研究进行拓展，进一步探讨农村劳动力迁移所带来的人力资本效应在宏观层面的影响。市民化作为农村劳动力由"候鸟式"迁移（短期性、易变性）向"生根式"迁移（长期性、根植性）转变的最后环节，具有牵动整个社会经济发展的全局意义。不仅如此，农村转移劳动力市民化还是推动我国由数量型"人口红利"向质量型"人力资本红利"转变的重要力量。因此，本部分将在现有研究的基础上，探讨农村劳动力迁移所带来的人力资本的变化对市民化的影响。

（五）对策研究

本部分将在前期研究基础上，总结全书主要结论，结合当前经济社会形势，提出统筹施策促进农村劳动力合理有序流动、构建农村劳动力技能培训长效机制、重视农村转移劳动力子女教育问题、立足城市差异制定农村转移劳动力市民化政策等建议。

二、技术路线

为实现研究目标和任务，本书设计了如下研究过程：

第一阶段，借助文献回顾方式，以发展经济学、劳动经济学、家庭经济学为研究依据，充分总结国内外学者对劳动力迁移及人力资本等相关理论与研究进展，并对我国农村劳动力的现实情况进行细致考察。

第二阶段，构建理论分析框架，从理论层面分析农村劳动力迁移的人力资本投资效应，旨在为理解和揭示研究问题的本质提供逻辑思路与理论参考。

第三阶段，根据前述研究思路主线和理论框架，采用国家卫生健康委"流动人口动态监测调查"数据、上海财经大学"外出务工人员流动情况与影响因素综合调查"数据、中国人民大学"中国教育追踪调查"数据等进行实证检验。

第四阶段，从微观层面上升到宏观层面，进一步探讨农村劳动力迁移的人力资本效应对市民化进程的影响。

第五阶段，综合上述研究成果，总结出最基础和最根本的一般性制度规则设计问题，为构建促进要素自由流动和提高资源配置效率的机制提供一个一般性的分析框架。在此基础上，提炼相关的政策建议。

本书拟采取的技术路线如图 1.1 所示。

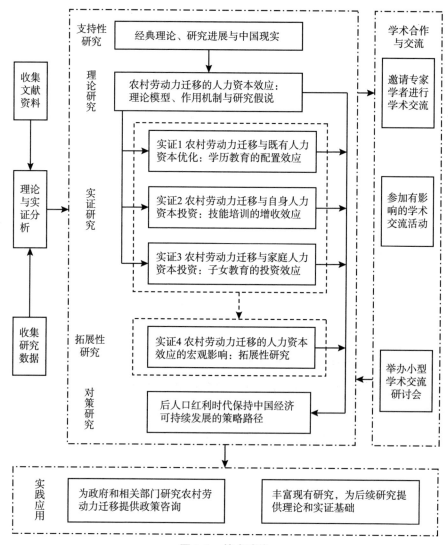

图 1.1 技术路线

三、研究方法

本书拟采用"定性分析与定量分析相结合、理论探讨与实证检验相结合、统计分析与计量分析相结合、微观分析与宏观分析相结合"的研究方法。针对不同的研究内容，将采用不同的研究方法进行分析，各研究内容对应的研究方法如表1.1所示。

表1.1　　　　　　　　　各研究内容对应的研究方法

所属部分		研究内容	研究方法
支持性研究		经典理论与研究进展	文献资料分析与评述
		中国现实	分类统计分析与比较
理论研究		农村劳动力迁移的人力资本效应：理论模型、作用机制与研究假说	逻辑思路分析与总结
实证研究	实证1	农村劳动力迁移与既有人力资本优化：学历教育的配置效应	统计分析与计量模型（处理效应模型）
	实证2	农村劳动力迁移与自身人力资本投资：技能培训的增收效应	统计分析与计量模型（PSM 模型）
	实证3	农村劳动力迁移与家庭人力资本投资：子女教育的投资效应	统计分析与计量模型（Probit 模型、两部分模型）
拓展性研究		实证4：农村劳动力迁移的人力资本效应的宏观影响：拓展性研究	统计分析与计量模型（需求可识别双变量 Probit 模型、HLM 模型）

本书使用公开数据库资源，并结合实地调查数据进行实证分析。使用的数据主要包含但不限于：第一，微观层面的公开数据。主要是国家卫生健康委历年"流动人口动态监测调查"数据、上海财经大学"外出务工人员流动情况与影响因素综合调查"数据和中国人民大学"中国教育追踪调查"数据。第二，基础数据。主要来自历次人口普查数据、相关年份的统计年鉴数据及数据库，例如，《中国统计年鉴》《中国人口统计年鉴》《中国劳动力统计年鉴》《中国农村统计年鉴》《农民工监测调查报告》等。

第四节　可能的创新与不足

关于农村劳动力迁移和农村劳动力人力资本的问题一直备受学者关注和讨论，本书在前人研究的基础上，针对目前研究中存在的空缺，在较为系统、全面的综合考察分析的基础上，分析了农村劳动力迁移的人力资本投资效应。可能存在的创新之处有以下几点：

（一）为农村劳动力人力资本提升及优化配置提供了迁移层面的证据和补充

就目前而言，从人力资本投资的视角分析农村劳动力迁移行为的研究并不多见，且现有文献多以描述性、表征性研究为主，缺乏对迁移与人力资本之间关系更为深层的分析与探讨。本书将迁移视作一种人力资本投资，在理论层面分析农村劳动力迁移影响其人力资本配置及人力资本投资的作用机制，在实证层面检验上述理论机制的存在性及有效性，为农村劳动力人力资本提升及优化配置提供了迁移层面的证据和补充。

（二）构建了包含微观决策和宏观影响的整体研究框架

农村劳动力迁移，从微观层面分析是一个个体决策的过程，从宏观层面分析是我国城镇化渐进的过程，两者是同一现象在微观和宏观层面的不同表现（任媛和安树伟，2011）。本书既着眼细处，又放眼大局；既在微观层面分析决策行为，又在宏观层面探讨整体影响。注重从微观到宏观、从家庭到社会的系统考量，构建了一个综合、系统、全面的研究框架。具体而言，在微观层面，既将农村劳动力迁移视作一种人力资本投资形式，考察其对迁移者既有人力资本的优化配置，又研究了农村劳动力通过迁移改变其对教育重要性的认识，从而增加对自身及子女人力资本投资的行为。在宏观层面，进一步分析了农村劳动力迁移、人力资本投资对市民化的影响。本书打破了既有文献单一角度的诠释，提供了一个多角度分析的研究视角。

（三）有效解决了样本中可能存在的选择性偏差问题

根据以往研究经验，农村劳动力是否迁移、是否参与技能培训、是否对子女进行教育投资都不是随机事件，而是自选择或被选择的结果，因此研究中可能出现选择性偏差问题，直接运用 OLS 进行回归可能会得到有偏的估计结果。为此，本书分别运用处理效应模型、PSM 模型和两部分模型纠正样本中可能存在的选择偏差，上述现代经济学的实证分析方法和计量模型的应用可以有效解决研究中存在的选择性偏差问题。

（四）研究成果具有一定的前瞻性

本书运用现代经济学的理论和模型，对农村劳动力迁移的人力资本投资效应进行了理论研究和实证检验。由于具有坚实的微观基础，根据研究结论制定的政策更加有助于实现人力资本宏观结构合理化，为"新常态"发展、市民化推进、新型城镇化建设以及"人力资本红利"开发提供智力支持，也为相关部门决策提供参考和科学依据。

由于研究能力和客观条件的限制，本书也存在以下不足之处，值得进一步探讨：

第一，受数据可得性的限制，本书仅使用截面数据从短期层面探讨了农村劳动力迁移的人力资本效应。然而，人力资本投资回报具有一定的迟效性，理论上，利用跨时期追踪调查数据能更为全面地反映迁移对农村劳动力人力资本的长期影响。不仅如此，相对于截面数据，面板数据也能够更好地揭示各变量之间的关系，对此，还有待进一步研究。

第二，由于本书构建了包含微观决策和宏观影响的整体研究框架，整个理论体系牵涉到的变量较多，很难在同一套数据中取得研究所需的所有变量。因此，本研究针对不同部分的研究需要，在实证研究中分别运用国家卫生健康委"流动人口动态监测调查"数据、上海财经大学"外出务工人员流动情况与影响因素综合调查"数据以及中国人民大学"中国教育追踪调查"数据进行检验。很显然，保持数据一致性，即使用同一套微观调查数据进行实证分析以进一步检验本书所构建的理论分析框架的正确性和适用性更为合理，对此，还有待进一步完善。

第三，本书在分析农村劳动力迁移的人力资本效应时，是对农村劳动力整体进行考察的。实际上，新生代的农村转移劳动力与老一代的农民工具有本质上的差异，与老一代农民工相比，新生代的农村劳动力具有更高的人力资本水平和更强的人力资本积累能力，绝大多数没有从事过农业生产劳动，有着更为强烈的面向城市的非农发展取向，并普遍表现出对融入城市社会强烈的渴望。这意味着外出务工、返乡养老的迁移模式逐渐弱化，融入城市社会的迁移模式逐渐加强。因此，后续研究中有必要对农村劳动力群体的代际异质性加以考察。

第二章

经典理论、研究进展与中国现实：
综述与分析

第一节　经典理论

一、劳动力迁移理论

劳动力迁移理论最早可以追溯到古希腊时期思想家色诺芬（Xenophon）和柏拉图（Plato）对社会分工、人口迁移及城市规模等进行的基础性研究（李佐军，2003）。劳动力迁移理论研究框架建立于第二次世界大战后，以刘易斯（Lewis）、拉尼斯和费景汉（Rains and Fei）、乔根森（Jorgenson）、托达罗（Todaro）、哈里斯（Harris）、卢卡斯（Lucas）、斯塔克（Stark）、斯加斯塔（Sjaastad）和贝克尔（Becker）等为代表的经济学家从不同视角对劳动力迁移动因、路径及影响进行了研究，搭建起了劳动力迁移理论系统研究框架，形成了诸多的经典理论。国内学者也从不同视角对劳动力迁移的相关理论和方法做了回顾。有别于以往的文献总结，本书将在宏观和微观两个层面对相关理论及文献进行梳理。对现有理论与方法进行回顾和综述有助于提升本书对该领域研究的认识和理解，更是本书深入研究劳动力迁移问题的出发点。

（一）宏观视角下的劳动力迁移理论——"推-拉"理论

"推-拉"理论是研究人口迁移行为发生原因的重要理论（祝仲坤，2017），该理论最早可以追溯到 19 世纪 80 年代中后期由拉文斯坦（Ravenstein，1885）提出的"人口迁移法则"。[①] 1938 年，赫伯尔（Herberle）第一次系统总结了"推-拉"理论的概念，他将拉文斯坦的"人口迁移法则"扩展为"拉力"和"推力"，认为迁移是由一系列力量引起的，这些力量是指促使一个人离开一个地方的推力和吸引他到另一个地方的拉力。人口学家唐纳德·博格（Bogue）于 20 世纪 50 年代末首先提出"推-拉"理论，该理论基于人口迁移的动机，研究城市对人口迁移的拉力和农村对人口迁移的推力作用（Bogue，1959），即在市场经济和人口自由流动的情况下，人口迁移的原因是人们可以通过迁移改善生活条件，流入地那些使迁移者生活条件改善的因素成为拉力，如较高的生活水平和生活质量、更高的工资水平、更好的就业机会及教育卫生设施，而流出地那些不利的社会经济条件则成为推力，

---

① 拉文斯坦将社会中人口迁移规律概括为如下几条法则：迁移多以短距离为主，长距离迁移往往是迁到大的工商业中心；迁移常常是阶段性迁移，就一个城镇来说，首先是其周围农村地区的人迁入进来，然后距离较远的农村地区的移民又逐渐迁入到城镇周围的农村地区；迁移流与逆向迁移流同时并存，但净人口迁移流通常是从农村流向城市；女性人口在短距离迁移中具有一定的优势；青年人口是迁移主体；交通、通信和技术的发展增加了迁移率；有利的经济因素是吸引移民的最重要的因素。

如就业不足、耕地不足、学校医院等基本生活设施的缺乏、关系的疏远及紧张、自然灾害和环境恶化、受教育机会和发展前景受到限制等（李竞能，1992；李强，2003；程名望，2007），然而，上述关于"推－拉"理论的表述重点强调的是外部因素在迁移中的作用，对个人方面的因素有明显的忽视。李（Lee，1966）在其研究中把迁出地和迁入地之间的障碍因素以及个人因素引入到解释框架中，指出影响迁移的因素主要有四种，分别为：迁出地的因素、迁入地的因素、中间障碍因素以及个人因素，进一步地，他还指出迁出地和迁入地均有"推"和"拉"两种因素，人口迁移则发生于"迁出地推力总和大于拉力总和、迁入地拉力总和大于推力总和"之时。整体来看，"推－拉"理论更多的是对劳动力迁移行为影响因素的综合分析，没有给出具体的发生机制解释（Hagen-Zanker，2008），但仍能较好地反映我国农村人口向沿海城市迁移的原因（许学强等，2009）。

（二）微观视角下的劳动力迁移理论——新劳动力迁移经济理论

家庭对劳动力迁移具有重要影响，在发展中国家的农村地区，迁移行为已经成为家庭经济策略的一部分，迁移行为的发生是家庭成员集体决策的结果（Mincer，1978；Hagen-Zanker，2008；杨传开，2016）。20 世纪 80 年代以来，以斯塔克（Stark）、布鲁姆（Bloom）和泰勒（Taylor）等为代表的一些经济学家开始分析家庭经济策略对迁移行为的影响，从而形成了新劳动力迁移经济理论。新劳动力迁移经济理论强调家庭作为决策主体的重要性，根据家庭预期收入最大化和风险最小化的原则决定家庭成员的是否迁移（盛来运，2005）。具体来说，主要通过以下三种效应来影响家庭的迁移决策：一是经济约束，即家庭可能会面临资金约束以及制度供给的短缺，例如，缺少农作物保险、失业保险以及信贷支持等；二是风险转移，即为了规避生产风险，家庭会让收入来源趋于多元化，让家庭成员中的一部分迁移到外地劳动力市场，从而使家庭减少对当地传统或单一收入来源的依赖；三是相对剥夺，即迁移行为在受两地"绝对收入"差距影响的同时，还会受与本社区其他群体相比较以后产生的"相对失落感"的影响，从而进行迁移决策（Stark，1984；Stark and Taylor，1991）。新劳动力迁移经济理论从家庭层面扩展了新古典主义方法的研究范畴，将一些新的研究工具引入劳动力迁移的研究当中，并且考虑了人在社会性方面的因素，因此很多学者认为该理论对中国农村剩余劳动力迁移研究具有较好的借鉴意义和适用性（杨云彦和石智雷，2008；Fan，2008），但该理论仍难以解释劳动力迁移的一些个体差异行为，即面对同样的社会环境和宏观因素，为什么有的家庭和劳动力迁移而有的不迁（程名望，2007）。

二、人力资本理论

从二三百年前古典经济学家的劳动价值学说开始，斯密（Smith）、穆勒（John）、马歇尔（Marshall）等经济学家就开始关注人的经济价值，虽然这些观点和思想未被纳入经济学的主流，但却构成了现代人力资本理论丰富的思想渊源。20世纪50年代末到60年代初，人力资本理论在舒尔茨（Schultz）、明瑟（Mincer）和贝克尔（Becker）等人的开创性研究下终于确立并逐步形成。本书将在人力资本理论的形成与发展、人力资本投资理论、人力资本投资的收入效应等方面进行简要梳理和回顾。

（一）人力资本理论的形成与发展

古典经济学代表斯密（Smith）在其1776年出版的《国富论》一书中初步提出了人力资本的思想，随后，穆勒（John）在其《政治经济学原理》中指出了知识和技能对劳动生产率的重要作用，马歇尔（Marshall）进一步强调教育作为人力资本投资的重要功能（蔡新会，2004）。虽然这一时期并未明确提出人力资本的概念，也未形成阐述人力资本理论的体系，但正是基于这些思想和研究，现代人力资本理论才得以逐步建立。直到 20 世纪 50 年代中后期，西方经济学界对于人力资本理论才有了新的进展，对人力资本的研究主要围绕三个方向展开：一是美国经济学家舒尔茨（Schultz）和丹尼森（Dennison）结合经济增长的问题所进行的研究；二是美国经济学家明塞尔（Mincer）把有关收入分配和劳动市场行为等问题和人力资本的方法结合起来进行的研究；三是美国经济学家贝克尔（Becker）把新古典经济学的基本工具应用于人力资本投资的分析中，形成了一套较为系统的人力资本理论框架。到了 20 世纪 80 年代后期，人力资本理论的研究又跨上了一个新的高度。这一时期的代表人物是罗默（Romer）和卢卡斯（Lucas），他们强调人力资本投资和人力资本存量在内生性经济增长以及由经济不发达向经济发达转变过程中的重要作用，揭示了人力资本投资水平及其变化对各国经济增长率和人均收入水平收敛趋势的影响，进而确定人力资本和人力资本投资在经济增长和经济发展中的关键作用（杨明洪，2001）。

（二）人力资本投资理论

舒尔茨（Schultz）对人力资本投资的内容及范围进行了概括，总结为以下五个方面：第一，医疗和保健，影响一个人的耐力、精力、力量和寿命等方面所有费用及保健活动均包括在内，既要求数量又要求质量，其结果必然是提高人力资源的质量；第二，对在职人员进行训练，包括企业的培训和学徒；第三，学校教育，包括初等、中等和高等教育，教育成本不仅仅包括直接花费在教育上的费用，还包括学生在上学期间所放弃的收入；第四，企业以外的组织为成年人举办的学习项目，例如，在农业中常见的技术推广项目；第五，个人和家庭为了适应就业机会的变化而进行的迁移活动。贝克尔（Becker）还进一步从微观上阐述了人力资本投资的观念，他指出所有用于增加人的资源并影响人未来货币收入、消费的投资都可以视为人力资本投资，人力资本投资主要包含教育支出、保健支出、国内劳动力流动的支出或用于移民入境的支出等。

(三) 人力资本投资的收入效应

20世纪60年代，随着西方人力资本理论逐渐兴起，教育被认为是获得收入分配公平的有效措施之一。舒尔茨（Schultz）通过对人力资本投资和收入分配的关系进行研究，发现人力资本的积累能使收入分配趋于平等。主要理由为：人力资本的较快增长，会使得国民收入中源于知识、技能等因素的份额出现相对上升，而源于财产等其他因素的份额出现相应下降，这就在一定程度上弥补了因为财产、政策和歧视等因素所导致的不平等影响，从而使社会各阶层收入趋于均等化。之所以世界上绝大多数国家都对其国内的适龄儿童实行免费的义务教育，其中一个重要的原因就是，政府希望通过义务教育让所有适龄儿童享有入学的机会，并在此基础上减少社会财富的分配不均。同时，教育还具有生产能力和配置能力，因而被视为是缓解和克服贫困的有效手段。教育的生产能力是指受教育程度相对较高的劳动者，在与相同的其他生产要素相结合时，能生产出更多的产品。教育的配置能力是指发现并抓住机会，从而使既定的资源得到更加有效配置，最终使产出增加的能力。教育的这些特征使得人力资本投资比物质资本投资具有更高的收益率，人们完全可能通过接受较高层次的教育从而在较短时间内实现收入的增长和社会地位的提高。但从实际来看，在大多数发展中国家，教育与其说是缩小了收入分配不平等不如说是扩大了收入分配的不平等（段迎晖，2002）。随着发展中国家教育投资的不断增加，人们收入分配差距不仅没有缩小，反而越来越大。如果因受后天因素的制约，教育的实施不能让人们都享有同等的受教育机会，那么，教育作为达成均富的措施就难有实效（朱沙，2010）。

三、人力资本视角下的劳动力迁移理论

在解释劳动力迁移问题的过程中，一个被忽略的问题就是技能的获得或者说是人力资本因素的考虑。在许多发展中国家，政策和现实状况是不利于农村穷人的，穷人缺少有利于获得高薪工作的人力资本，而城市地区的人往往能够更多地从公共基础设施投资中获益。因此，获得人力资本的动机有助于解释劳动力的迁移。此外，人力资本理论认为，在经济发展过程中个体和家庭需要不断迁移以满足不断变化的就业机会的需要，迁移也被视作同身体状况、工作培训、教育水平等一样的人力资本投资形式（Schultz，1961）。

（一）斯加斯塔的劳动力迁移理论

无论是二元经济迁移理论还是新古典迁移理论，其内容都很难对相同的城市收入差距或预期收入差距下，有些人选择了迁移而有些人没迁移的情况作出解释。对此，研究者基于人力资本的视角分析了劳动力迁移决策及其影响（Sjaastad，1962；Becker，1975）。以斯加斯塔（Sjaastad）为代表的早期观点认为，劳动力迁移应该被视为是一种投资行为，每个人的个体技能是有差异的，而个体技能又能影响一个人的生产力，因此迁移者的预期收入是个体技能的函数。那些受过良好教育、高素质或有特殊专长的年轻劳动力总是最先迁移（高一兰，2016）。斯加斯塔的劳动力迁移理论有如下观点：一是在完全竞争市场下，农村和城市两个部门的工资率是劳动者人力资本水平的增函数，劳动者的人力资本水平不仅会影响其个人所得，还会影响其能否就业以及就业的概率（Sjaastad，1962）。二是年轻的劳动力相比年长的劳动力总是拥有较大的迁移可能性，因为后者在有限的劳动年龄内迁移净收益少于前者。同样地，受教育程度高的劳动力相比受教育程度低的劳动力总是具有更大的迁移可能性。三是迁移的距离和迁移的成本对劳动力迁移具有很大的影响，近年来随着交通和通信条件的不断改善，迁移成本开始有所下降，这有助于推动劳动力的迁移。四是农村经济发展对劳动力迁移的影响是双向的。例如，农村经济的发展在增加农村居民的收入从而降低人口流动的同时，也会提高农村居民的人力资本从而促进其流动。

（二）贝克尔的家庭经济学理论

贝克尔（Becker）的家庭经济学理论建立在新古典经济学劳动力迁移理论基础之上，基于理性选择，将家庭作为效用最大化的主体，而非个人利益最大化。新家庭经济学认为，家庭收入最大化目标是相对于其他家庭而言的，一个家庭的目的在于与其他家庭获得大致相当的社会福利，因而对于整个家庭来说，劳动力迁移不仅仅是增加家庭收入，还要降低家庭风险。同时，在研究劳动力迁移过程中所受到的影响因素时，家庭经济学家认为地区间的工资差距和社区收入分配状况是影响劳动力迁移的主要因素。如果社区收入越不平等，人们相对于其他家庭的贫困感就越强烈，那么从增加家庭收入的角度出发，个体劳动力迁移的愿望就会越强烈（Becker，1975）。家庭经济学理论从客观的角度阐述了劳动力流动问题，排除其他政策因素的干扰，从本质上以及劳动力本身出发分析了劳动力迁移的内在动因和因素，为研究劳动力迁移问题开辟了新的视角（何建新，2013）。

（三）卢卡斯的劳动力迁移理论

通过对现有农村劳动力迁移模型的深入分析，美国经济学家卢卡斯（Lucas）指出前人的理论存在着诸多问题，其在《终生收入和农村城市迁移》一文中对托达罗模型和哈里斯模型提出了质疑，指出经济均衡时托达罗模型不能回答以下问题：一是为什么均衡时城市工作的实际工资水平依然较高；二是那些在城市找不到工作的人为什么依然没有作出返回农村的决定（Lucas，2004）。以此为基础，卢卡斯建立了以人力资本为动因的迁移模型，该模型在解释农村劳动力迁移问题上具有以下几方面优势：第一，卢卡斯模型在农村劳动力迁移的动因上提出了与以往理论都不同的观点，该模型认为农村劳动力之所以决定迁移，是因为在城市能够积累更高的人力资本，而在农业生产中这些人力资本是无法获得的。最重要的是，迁移者一旦获得了与城市工人平均水平相当的人力资本，就可以参与城市生产，这也是为什么部分在城市暂时找不到工作的迁移者选择了继续留在城市积累人力资本而不是返回农村的原因。第二，卢卡斯模型还进一步考察了影响人力资本的各种外部因素。外部因素对人力资本的影响越大，农村劳动力作出迁移决策的时间就会越早，其人力资本水平也提高得越快。由于后迁者受到先迁移者"示范效应"的激励，以及先迁者可能对其他迁移者提供物质上的帮助，因此迁移到城市的农村劳动力会越来越多。同时，在外部因素的作用下，迁移者提高自身人力资本水平的速度会越来越快，达到城市工人平均技能水平所需的时间也会越来越短。第三，如果仅从政策角度考虑，增加对农村劳动力的人力资本投资是加快农村劳动力转移最为有效的途径。人力资本初始存量的大小也将直接影响农村劳动力的迁移决策。初始人力资本存量越多，越倾向于向城市迁移（戎建，2004；高一兰，2016）。

第二节 研究进展

一、关于劳动力城乡迁移的研究

与国外劳动力迁移的经典理论研究相比，我国对劳动力迁移问题的研究则起步较晚。20世纪60年代初，我国实行了严格的城乡分割政策，限制了劳动力的自由流动。进入80年代后，有关城乡劳动力迁移的政策逐渐放松，农村劳动力向城市迁移的规模不断扩大，有关农村劳动力迁移的研究才逐渐开展起来。国内外众多学者从经济学、社会学、人口学、管理学等角度对我国农村劳动力迁移问题进行了开创性的研究，取得了一定的研究成果。本书将在迁移的制度约束、迁移的动因、迁移的特征以及迁移的影响四个方面对我国农村劳动力迁移问题进行简要梳理。

（一）迁移的制度约束

传统经济体制下的农产品统购统销制度、人民公社制度以及户籍制度安排限制了潜在的迁移和流动行为（蔡昉，2001），在这种制度约束下，除了按计划进行的迁移之外，可观察到的人口迁移并未发生（蔡昉，2003）。改革开放以后，农村剩余劳动力逐渐显现，非国有经济的不断发展扩大了城镇就业，农村剩余劳动力开始涌入城市，然而，农村剩余劳动力的去向和规模依然受当时政策环境及制度环境的限制和制约，并且，随着制度环境的不断变化，呈现周期性的波动趋势。虽然政府一直在深化经济体制改革，但农村劳动力自由流动的制度障碍依然存在，这种障碍一方面存在于农村劳动力在迁出地迁出的过程，另一方面也存在于农村劳动力在迁入地定居的过程（蔡昉，1997）。受制度因素的约束，农村外出务工劳动力难以享受与当地居民同样的教育、医疗及社会保障，只能游离于城乡之间（李培林，1996，2001；韩俊等，2009），要解决农村劳动力的迁移问题，需在以上方面消除歧视，并建立完善的农村劳动力市场（程名望等，2006）。

（二）迁移的动因

最初，迁移是农村贫困人口摆脱贫困最重要的途径和方式（都阳和朴之水，2003）。随着迁移进程的不断推进，农村劳动力逐渐由仅仅追求生存收入、获取务工回报的打工者转变为追寻更好就业机会和更高劳动报酬的新移民。农村剩余劳动力的存在和农业比较收益低下是农村劳动力迁移的"推力"，城市化、工业化带来的就业机会与城乡比较利益的差距是农村劳动力迁移的"拉力"（中共中央政策研究室农村组，1994），经济收入驱动力是农村劳动力迁移的主要动力（高国力，1995；李强，2003）。如今，新生代农民工已经成为农村劳动力的主体力量，与老一代农民工不同，新生代农民工文化程度相对较高，不具备农业生产技能，对土地的依恋情结较轻，无法适应农村生活，更加渴望融入城市。他们迁移是为了追求城市相对完善的公共服务和更好的生活环境（宋锦和李实，2014），是一种改善性迁移。随后，一些学者从人力资本的角度研究了农村劳动力的迁移问题，指出人力资本对劳动力是否迁移、何时迁移以及迁入何处具有决定性作用（Roberts，1997；盛来运，2005；Satpathy et al.，2014）。一方面，迁移伴随各种成本、风险以及不确定性，克服迁移过程中的困难和障碍客观上需要迁移者具备一定的人力资本（Borjas，1987；Chiswick，1999）；另一方面，迁移也是人力资本投资和配置的重要方式，劳动力根据自身人力资本情况作出是否迁移的决策以积累更多知识和经验、提高劳动回报、改善发展机会（王广慧和张世伟，2008；牛建林，2015）。大量实证研究结果肯定了人力资本对迁移的正向促进作用（国家统计局农村社会经济调查总队社区处，2000；Alasia et al.，2009；Wu，2010；李富强和王立勇，2014），但也有研究得出了不同结论，认为正规教育对迁移概率影响不显著，制度障碍造成的高迁移成本可能扭曲了农村劳动力的迁移决策（赵耀辉，1997；Hare，1999）。

（三）迁移的特征

现有研究以及部分微观调查汇总数据表明，我国农村劳动力迁移呈现出以下几方面特征：第一，迁移人口规模日趋扩大且分布呈现出显著的空间集聚趋势（即劳动力跟随资本向经济发达的地区集中）；第二，农村劳动力已由个人外出务工阶段进入携妻带子、扶老携幼的核心家庭化阶段（段成荣等，2013）；第三，新型双向迁移已经形成。近几年，农村劳动力大规模向城市迁移的同时，一些地区出现了劳动力回迁的现象，并且这一现象在城乡迁移中越来越普遍（刘庆玉，2015）。

（四）迁移的影响

农村劳动力迁移具有一定的复杂性，其影响也是多方面的。第一，迁移对农村家庭收入提升具有很大的促进作用（赵耀辉，1997；王小龙和兰永生，2010；孙三百，2015）。赵耀辉（1997）的研究表明，家庭中每增加一个外出劳动力，可使家庭劳动收入增加约55%，而家庭中每增加一个本地劳动力，仅能使家庭劳动收入增加约5%。农村劳动力外出务工除了能使其自身得到更高的收入水平外，还能提高其家庭中其他劳动者的收入水平（黄平和克莱尔，1998）。第二，迁移还可以影响农村劳动力的收入分配。李实（1997）等人的研究表明，非农收入是拉开省际农村劳动力收入差距的最重要原因，不同地区农村劳动力的迁移规模也已成为影响地区间农村劳动力收入差异的关键因素。迁移可以大幅度提升农村劳动力的收入水平，对于缩小地区、城乡之间及不同人口特征的收入分配差距具有积极作用（王卫等，2007）。第三，农村劳动力迁移对经济增长具有显著贡献。农村劳动力迁移引起的资源再配置效应可以有效地提高经济增长速度，是改革开放以来长期支撑我国经济增长的重要原因之一（许召元和李善同，2008；钞小静和沈坤荣，2014），农村劳动力由低效率部门向高效率部门的流动将继续成为推动中国经济增长的重要源泉（蔡昉和王德文，1999）。

二、关于农村劳动力人力资本投资的研究

人力资本投资的方式多种多样，包括各级正规教育、职业技术培训、健康保健、劳动力迁移、对孩子的培养等。贝克尔（Becker）把西方现代经济理论运用于对人类行为的研究，重点论述了培训投资、教育投资与收入的关系。教育和培训是最重要的人力资本投资，本部分将主要对农村劳动力教育及培训回报率的研究进行梳理。

（一）教育回报率

迄今为止，针对农村劳动力教育回报率的研究主要集中在以下两类。第

一类是教育回报率变化趋势的研究（纵向研究）。此类研究表明，农村劳动力教育回报率较低，但呈上升趋势。这是对教育类型不加区分，仅以受教育年限作为教育程度的代理变量，根据（扩展）明瑟（Mincer）方程和微观数据进行估算而得到的结果（de Braum et al.，2002；侯风云，2004；赵力涛，2006；de Braum and Rozelle，2008；刘泽云和邱牧远，2011；简必希和宁光杰，2013），对宏观数据进行微观化处理后也可得到类似结论（伍山林，2006）。第二类是教育回报率的比较研究（横向研究）。一是区分教育类型的研究。例如，周亚虹等（2010）的研究发现，职业教育的年均回报率高达9%，且对家庭收入的提高有显著影响；刘万霞（2011）和颜敏（2012）的研究也印证了这一点，即与高中阶段普通教育相比，职业教育具有更高的年均回报率。二是与城镇居民的对比研究。研究发现，我国农民工教育回报率远低于国内平均水平和发展中国家的平均水平，高于农民教育回报率，但低于城市居民教育回报率（李实和李文斌，1994；Johnson and Chow，2010；姚先国和张海峰，2004）。

（二）培训回报率

除接受正规教育外，培训对农村转移劳动力人力资本形成及收入提升的影响不容忽视。学术界大多数研究均表明培训可以对农民工收入提升产生正向促进作用（赵显洲，2012），且培训对农村劳动力收入提升的影响远高于其他形式的人力资本投入（侯风云，2004）。然而，上述结果往往会因农民工参与培训类型的不同而存在较大差异（Bassi，1984；Green et al.，1996）。利拉德（Lillard，1992）、王德文等（2008）的研究证实，培训对农民工收入的影响因培训内容、培训时长及培训提供方而异。在培训内容上，一般的技能培训和知识培训等通用性培训很难促进农民工收入提升，但与工作相关的专用性技能培训和技能性、专业性较强的培训（如建筑装饰、电器维修、汽车维修等）则能够较为明显地提升农民工的收入水平（宁光杰和尹迪，

2012；江金启等，2016）。在培训时长上，小于 15 天的简单培训对农民工收入的影响不大，而 15 ~ 90 天的短期培训和 90 天以上的正规培训对农民工收入提升具有显著的促进作用（王德文等，2008）。在各种机构提供的培训中，利拉德（Lillard，1992）的研究认为企业培训对收入增长的作用最明显且持续期最长，但张世伟和王广慧（2010）的研究表明政府提供的职前培训在促进农民工收入增加上比企业培训效果更为显著，翁杰（2012）的研究则指出政府培训并不能提升农民工技能状况和工资水平，个人培训才是更有效的方式。可见，目前针对不同培训提供方的研究尚未得到一致结论。

三、关于农村劳动力迁移对人力资本影响的研究

随着我国社会经济的发展以及市场化改革的深入，农村转移劳动力规模逐渐扩大，一些学者开始从人力资本角度研究农村劳动力迁移对人力资本的影响，具体研究主要围绕以下三个方面展开。

（一）农村劳动力迁移对人力资本配置的影响

农村劳动力迁移对人力资本的配置具有确切的促进作用。迁移既需要付出成本，也能得到收益。因此，为获得更好就业机会而进行的迁移与教育一样，同属于人力资本投资的范畴（Schultz，1961；Becker，1964）。迁移可以优化人力资本配置，使劳动者的人力资本得到更有效地利用，进而加速人力资本积累效率，使人力资本水平得到提升。改革开放后，劳动力流动制度的建立和逐步完善促进了人力资本与其他生产要素的合理配置和优化组合，相对自由地迁移与流动也使农村劳动力可以依据个人偏好来选择更适合自己的位置，从而增加劳动者内含的人力资本价值（戎建，2008）。与此同时，迁移还可以改善劳动力市场供求状况，促使就业结构伴随产业结构的变化迅速有效地作出调整，高技能劳动者集聚所带来的知识溢出效应能够使农村转移

劳动力劳动生产率得到提升，从而提升整个地区的资源配置效率（陆铭等，2012）。

（二）农村劳动力迁移对自身人力资本投资的影响

迁移不仅使农村劳动力既有人力资本得到更有效的配置，也可使农村劳动力更加重视自身的人力资本投资，从而促进人力资本的形成。通常，农村劳动力提早结束学业并进入劳动力市场，尚不具备应有的职业技能和知识储备，较低的初始人力资本水平导致绝大多数农村转移劳动力就业职业层次普遍偏低，处于社会的底层和弱势地位。随着产业结构的变迁与调整，知识的更新加快，农村转移劳动力更是难以符合城市对工作技能的要求，这使农村转移劳动力不得不进行人力资本的再投资，通过接受教育或参加职业培训的方式积累社会所需的人力资本，以适应产业结构升级和发展方式的转变。同时，劳动者之间工资薪酬的差异、行业的差别、工作环境及工作稳定性的差距也对农村转移劳动力进行人力资本再投资产生了正向的激励作用（白菊红和袁飞，2003）。此外，农村转移劳动力还面临其他具有相似人力资本的同行的竞争，这也要求农村转移劳动力不断增加专业知识和职业技能，以提高其自身的竞争力。

（三）农村劳动力迁移对家庭人力资本投资的影响

劳动力的城乡迁移会对家庭教育决策产生影响。一方面，劳动者的迁移特征可直接影响家庭教育决策，梁宏和任焰（2010）的研究表明，劳动力迁移距离影响子女随迁，迁移距离较近的家庭（表现为省内迁移）子女随迁的比例更高，此外，配偶是否随迁也是影响家庭教育决策的重要因素（杨舸等，2011），宋锦和李实（2014）仿照菲尔兹（Fields，2003）的方法考察了各影响因素对子女随迁的贡献度，研究结果显示，配偶是否随迁是影响子女迁移最重要的因素，对子女迁移概率的解释力达到近20%。另一方面，农村劳动力迁移会改变其教育意念和观念，进而对家庭教育决策产生一定影响。农村劳动力进入城市后面临强大的竞争和危机感，当文化水平相对较低的农村劳动力发现更多的工作机会倾向于那些受教育程度较高的劳动者时，便会意识到教育的重要性，其教育观念和意念也会发生变化，从而更加重视对子女的教育投资，例如，子女是否跟随父母迁入城市就读、是否接受更高水平的教育或子女初中毕业后选择接受职业教育还是普通高中教育等。然而，鲜有文献以迁移为视角考察其对农村转移劳动力家庭教育决策的影响，更多文献将关注点集中在农村劳动力自身的社会经济特征和子女特征特别是其所处的教育阶段两个方面（Liang and Chen，2007；陶然等，2011；张翼和周小刚，2012）。

四、关于农村劳动力家庭人力资本投资的研究

任何关于人力资本的讨论都不能忽视家庭对知识、技能、价值和儿童习惯的影响（Becker，1964）。自 2004 年开始，针对农村劳动力子女教育问题的研究逐渐增加，所涉及方面也包含了农村转移劳动力子女教育政策选择、农村家庭教育投资、农村转移劳动力子女教育现状等诸多方面。本部分将主要对家庭教育投资决策的制度约束、家庭教育投资决策与代际经济关系、家庭教育投资决策与代际教育传递等方面的研究进行梳理。

（一）家庭教育投资决策的制度约束

农村转移劳动力家庭教育投资决策受户籍政策和教育政策的双重影响。

1. 就户籍政策而言

户籍制度影响就业选择，使农村劳动力在产业、空间和观念等方面发生分离，弱化代际教育传递和代际经济联系（伍山林，2014）；非农就业过程中农户子女分为"留守"与"流动"两种类型，并产生不同的影响模式。对

"留守"子女，主要通过非经济因素对教育产生不利影响（胡枫和李善同，2009），但总效果未必是负的（陈欣欣等，2009）；而对"流动"子女，主要通过教育机会和教育质量的差异对教育产生不利影响（陶西平，2012；Chen and Feng，2013）；户籍制度影响会深入到初中之后的教育中去（许召元等，2008）。

2. 就教育政策而言

最近十多年里，我国改革了诸多教育政策。其中，有些政策效果比较稳定，例如，"两免一补"减少了贫困农户教育支出，增加了农户子女受教育机会（完善农村义务教育财政保障机制课题组，2005），农村初中阶段就学率因此提高了6个百分点（王小龙，2009）；有些政策效果分歧很大，例如，"撤点并校"提高了教育质量，但上学路程变远和教育成本增加，致使小学学龄儿童入学率下降，需要通过补偿予以矫正（丁冬和郑风田，2015）。另外，城乡教育财政投入不均等也产生了负面作用（刘精明，2008；陈斌开等，2010）。

（二）家庭教育投资决策与代际经济关系

与国内城镇家庭和国外家庭不同，我国农村劳动力身处独特的制度环境，因此代际经济关系也更为复杂。代际经济关系对农村劳动力而言不仅至关重要（张文娟和李树茁，2004；伍海霞，2011；牛楠和王娜，2014），而且中外文献中所论述的利他关系、协商关系以及交换关系等在不同数据集中具有不同的作用（Becker，1964；Ehrlich and Liu，1991；Fujiu and Yano，2008；刘永平和陆铭，2008；Guo et al.，2011）。已有研究表明，子女教育投入在代际经济关系中起枢纽作用，家庭隐含契约是代际经济关系的主要载体。具体而言，由于"孝道"文化的广泛影响，在养老支持方面，储蓄投资并非老年养老的唯一资源，家庭"养儿防老"仍然具有非常重要的作用，父代可以通过生育子女（选择子女数量）和投资子女教育（提高子女质量）来养老（刘永平和陆铭，2008）。"养儿防老"和家庭教育投资是中国养老模式的关键特征。尤其是在我国实施计划生育的背景下，父代会对子女进行更多的教育投资。从这个角度来看，父母给子代的支出（尤其是教育投资支出）尽管在当期而言具有消费的性质，但对将来的养老而言，则具有投资的性质。国家统计局的调查数据证实，我国居民投资的第一意向为储蓄，子女教育投资排在第二位。在储蓄的目的中，子女教育居于首位（宋铮，1999）。与此同时，不论是在生活照顾上还是在物质回馈上，当前子女都是父代养老的重要依靠（郭志刚和陈功，1998）。齐默和邝（Zimmer and Kwong，2003）的研究进一步表明，我国老年人的日常生活照顾有很大一部分来自于后代子女的支持，在我国农村地区为 60.8%，在城镇地区为 53.3%。在物质回馈养老支持上，城镇居民由于有较高的收入和保障，因而比重比农村稍低，但也达到 33.5%，农村则为 43.8%。

（三）家庭教育投资决策与代际教育传递

对于代际教育传递机制的研究由来已久，将上一代教育作为下一代教育生产函数中的重要变量是代际教育传递机制研究中一种典型的处理方式（Zhang，1995）。针对教育代际传递内在机制的研究发现，上一代教育通过对下一代教育投资能力、教育投资效率以及教育意念和观念的影响而产生正向的作用（Plug and Vijverberg，2005；Guryan et al.，2008；Kirchsteiger and Sebald，2010）。玛丽安等（Marianne et al.，2003）的研究显示，父亲或母亲受教育年限每增加一年，子代留级的概率将降低 2～4 个百分点，即子代学习表现好的概率增加。特雷曼（Treiman，1997）的研究则直接表明，父亲受教育年限每增加一年，子女受教育年限增加半年。哈恩和普拉格（Haan and Plug，2011）认为已有研究存在调查样本不全面的弊端，他们利用审查模型克服这一问题后发现，虽然父母受教育水平对子女受教育程度的影响有小幅降低，但正向影响效应依然显著存在。针对中国农村劳动力的研究也取得了类似结论（陶红和杨东平，2007；池丽萍和俞国良，2011；张苏和曾庆宝，

2011；邹薇和郑浩，2014）。然而，贫困家庭在面对劳动力市场冲击时，通常会选择削减家庭人力资本投资，从而对下一代的人力资本积累产生负面影响（都阳和 Giles，2006）。

五、关于农村转移劳动力市民化的研究

农村转移劳动力市民化是农村劳动力脱离农村土地、进入城市并且融入城市的过程。农村转移劳动力市民化不单纯是将农业户口改为城镇户口，而是从农村转移到城镇的人口，在经历城乡迁移和职业转变的同时，获得城镇永久居住身份、平等享受城镇居民各项社会福利和政治权利，成为城镇居民并完全融入城镇社会的过程（魏后凯和苏红键，2013）。

（一）农村转移劳动力市民化的影响因素

1. 从微观上看

首先，是个体和家庭特征，农村转移劳动力的性别、年龄、是否具有务农经验、是否独生子女等对市民化水平具有显著影响（张斐，2011）。其次，是消费和工资因素，孟颖颖和邓大松（2011）认为中央和地方政府有必要继续通过各种政策措施大力确保和切实提高农村转移劳动力的收入水平，才能更好地推进其与城市融合的进程。最后，是制度因素，差别化落户和严格控制大城市人口的政策使相当多的农村转移劳动力不能进城落户，而农村转移劳动力在城市不稳定就业和农村户籍含金量不断提升又使大量进城人口不愿意落户（辜胜阻等，2014）。

2. 从宏观上看

刘锐和曹广忠（2014）分析影响市民化进程的因素：高昂的市民化成本，特别是需要政府承担的公共成本部分抑制了市民化进程；现行的财政体制下，转移人口市民化的成本主要由迁入地政府负担，降低了地方政府的积

极性；现有产业人口与落户要求不匹配，使得粗放型产业所吸引的就业人群难以达到落户门槛。

（二）农村劳动力市民化的实现路径

由于自身特点、面临障碍、市民化意愿和现实需求的不同，实现市民化的目标、路径和措施也将具有较大差异，中国特色新型城镇化道路需要分层次、分类型、多途径推进农村转移劳动力的市民化进程（魏后凯和苏红键，2013）。在现有经济发展条件下，市民化需要依赖农村转移劳动力的人力资本、物质资本和社会资本的积累，内在地提升市民化能力；政府提供制度保障和政策激励影响农村转移劳动力市民化能力提升。具体来说，夏丽霞和高君（2011）针对新生代农民工就业存在的市场供需不平衡、制度不公平、渠道不完善和地域不平衡问题，从调整供需结构、构建公平环境、完善信息渠道、统筹城乡区域四个方面提出推进新生代农民工进城就业与市民化的制度创新。周密等（2012）研究发现，职业阶层的回报差异是影响新生代农民工市民化程度差异的重要因素，而受教育程度与职业阶层密切相关，提出了增强对新生代农民工的职业技能培训，提升人力资本水平，从而提高其职业阶层，实现市民化的政策建议。

第三节　中国现实

一、农村劳动力迁移特征

（一）农民工总量持续增加，增速逐年回落

随着我国经济体制改革的不断深入以及迁移制度约束的逐渐放松，农村

剩余劳动力大规模向城市迁移，为经济发展提供了充足的劳动力供给。农民工作为农村劳动力的主体力量，更是为我国城市经济建设立下了汗马功劳。根据国家统计局《农民工监测调查报告》中的数据，2023 年，我国农民工总量达到 29753 万人，总量继续增加。虽然我国农民工总量近年来总体保持持续增长的态势，但增速整体呈回落趋势（见图 2.1）。2011～2015 年我国农民工总量增速分别比上年回落 1.0 个、0.5 个、1.5 个、0.5 个和 0.6 个百分点；2016～2017 年我国农民工总量增速稍有回升，比上年增加了 0.2 个百分点；2020 年面对严峻复杂的国内外环境特别是新冠疫情严重冲击，全年农民工总量 28560 万人，比上年减少 517 万人，下降 1.8%；2021～2023 年农民工总量持续增加，但增速逐年回落。

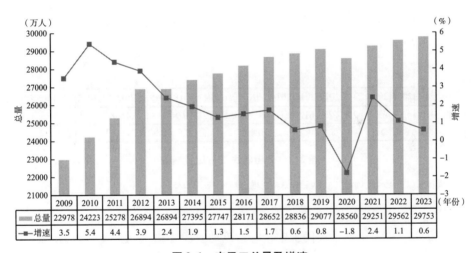

	2009	2010	2011	2012	2013	2014	2015	2016	2017	2018	2019	2020	2021	2022	2023
总量	22978	24223	25278	26894	26894	27395	27747	28171	28652	28836	29077	28560	29251	29562	29753
增速	3.5	5.4	4.4	3.9	2.4	1.9	1.3	1.5	1.7	0.6	0.8	-1.8	2.4	1.1	0.6

图 2.1　农民工总量及增速

资料来源：国家统计局《农民工监测调查报告》，2009～2023 年。

（二）外出农民工增速继续回落，跨省农民工占比继续减少

农民工监测调查报告中的数据显示，自 2011 年起，外出农民工增速整体呈现逐年回落的趋势（见图 2.2），2011～2016 年外出农民工增速稳步下降，

分别比上年下降 1.9%、0.4%、1.3%、0.4%、0.9% 和 0.1%。2017~2023 年外出农民工增速变动较大，其中，2020 年增速为 -2.7%。与此同时，外出农民工占农民工总量的比重也在逐年下降，由 2010 年的 63.3% 下降到 2022 年的 58.1%，但 2023 年占比有所回升，较 2022 年增长 1.2%。

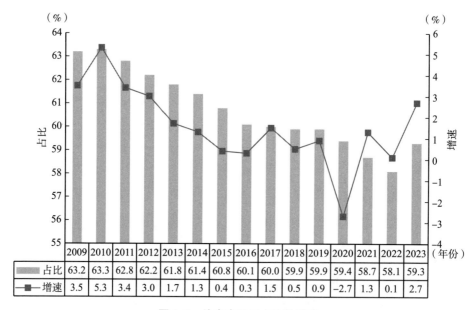

图 2.2　外出农民工占比及增速

资料来源：国家统计局《农民工监测调查报告》，2009~2023 年。

2009~2023 年外出农民工中，跨省流动农民工占比大致呈现逐年减少的态势（见图 2.3），跨省流动农民工占外出农民工总量占比从 51.2% 下降到 38.2%。外出农民工增速的放缓，特别是近年来跨省农民工占比的减少与我国现阶段经济发展情况是分不开的。近年来，我国东部沿海地区产业逐步向中西部地区转移，中西部地区的务工收入与东部沿海地区的差距在逐渐缩小。另外，随着中西部地区扶贫工作的推进，当地就业岗位增加的同时农民工收入也在不断提升。在本地工作不仅离家近，还能获得不低于外出打工的收入待遇，这是导致外出农民工增速放缓，特别是近年来跨省农民工占比减少的重要原因。

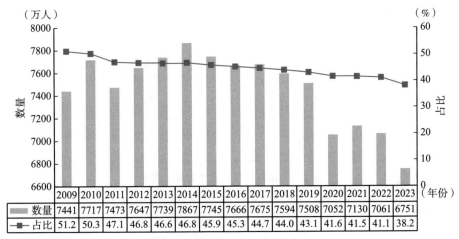

	2009	2010	2011	2012	2013	2014	2015	2016	2017	2018	2019	2020	2021	2022	2023
数量	7441	7717	7473	7647	7739	7867	7745	7666	7675	7594	7508	7052	7130	7061	6751
占比	51.2	50.3	47.1	46.8	46.6	46.8	45.9	45.3	44.7	44.0	43.1	41.6	41.5	41.1	38.2

图 2.3 跨省农民工数量及占比

资料来源：国家统计局《农民工监测调查报告》，2009～2023 年。

（三）农民工迁移呈现"家庭化"态势

在我国农村劳动力迁移的总体进程中，农民工以青壮年劳动力单独迁移为主，其家庭结构呈现出夫妻分居、子女留守的状态（蔡昉，1997）。随着时代的发展以及农民工务工历程的推进，赚取务工收入不再是农民工外出务工经商的唯一目的，在追求更高经济收入和务工回报的同时，农民工也由最初"单枪匹马闯天下"的打工者转变为日益注重家庭成员团聚、子女教育以及家庭生活水平改善的新移民，农民工"携家带口"迁移的家庭化趋势越来越普遍。由图 2.4 可以看出，举家迁移农民工占外出农民工的比例近年来呈现持续增加的趋势。不仅如此，在东部地区一些主要的劳务输入地城市，农民工与配偶和子女在城市共同生活已成为农民工群体在城市居留形态的主要模式（洪小良，2007；李强，2014；熊景维和钟涨宝，2016）。

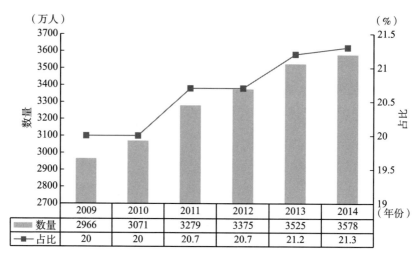

图 2.4 举家外出农民工数量及占比

注：2015 年起农民工监测调查报告中不再对举家外出农民工数量进行统计。
资料来源：国家统计局《农民工监测调查报告》，2009～2014 年。

二、农村劳动力受教育程度

根据农民工监测调查报告，近年来，我国农民工的受教育程度整体呈现不断上升的趋势。未上过学、小学、初中学历农民工占比逐渐减少，高中及以上学历农民工占比有所提升，特别是大专及以上学历农民工，占比由 2014 年的 7.3% 上升到 2023 年的 15.8%，增速较快（见表 2.1）。

表 2.1　　　　　　　　　　　农民工受教育程度构成　　　　　　　　　单位：%

类别	2014 年	2015 年	2016 年	2017 年	2018 年	2019 年	2020 年	2021 年	2022 年	2023 年
未上过学	1.1	1.1	1.0	1.0	1.2	1.0	1.0	0.8	0.7	0.8
小学	14.8	14.0	13.2	13.0	15.5	15.3	14.7	13.7	13.4	13.8
初中	60.3	59.7	59.4	58.6	55.8	56.0	55.4	56.0	55.2	52.1
高中	16.5	16.9	17.0	17.1	16.6	16.6	16.7	17.0	17.0	17.5
大专及以上	7.3	8.3	9.4	11.9	10.9	11.1	12.2	12.6	13.7	15.8

资料来源：国家统计局《农民工监测调查报告》，2014～2023 年。

表2.1 中数据表明，我国农民工队伍整体文化程度有一定的提高，有助于农民工就业及参与各类培训。但是，考虑到绝大多数的农民工文化水平为初中及以下，农民工的受教育水平仍然有待提升。特别是目前我国产业结构正处于转型升级的过程中，需要有更高受教育水平的农民工与之相匹配。

三、农村劳动力培训情况

技能培训作为农民工掌握就业技能的一种手段，能够帮助农民工提升就业能力。因此，在如何看待农民工接受技能培训这个问题上，应与农民工的受教育情况和其就业情况结合起来分析。从受教育情况来看，农民工整体受教育程度有所提升，但绝大多数农民工的文化水平还是集中在初中及以下，受教育程度普遍较低。从 2014～2017 年的《农民工监测调查报告》的数据来看，接受技能培训的农民工占比却在不断下降（见表2.2）。

表2.2   **农民工培训情况**   单位：%

类别	接受技能培训				接受农业技能培训				接受非农职业技能培训			
	2014年	2015年	2016年	2017年	2014年	2015年	2016年	2017年	2014年	2015年	2016年	2017年
合计	34.8	33.1	32.9	9.5	9.5	8.7	8.7	30.6	32.0	30.7	30.7	32.9
本地农民工	—	30.8	30.4	10.9	—	10.2	10.0	27.6	—	27.7	27.8	30.6
外出农民工	—	35.4	35.6	8.0	—	7.2	7.4	33.7	—	33.8	33.8	35.5

资料来源：国家统计局《农民工监测调查报告》，2014～2017 年。

根据表2.3 中农民工的就业数据可以看出，农民工就业主要集中在第二、第三产业。2014～2023 年，在第二、第三产业就业的农民工分别占到整体的

99.5%、99.6%、99.6%、99.5%、99.6%、99.6%、99.6%、99.5%、99.5%和99.3%。第二产业的资本密集度在提升，这意味着资本对劳动力正在逐渐替代，第二产业吸收农民工就业的能力在逐渐减弱，未来农民工就业的方向应该是技术密集型的高端、专业化的服务业。由表2.3可以看出，第二产业虽然吸收了最多的农民工就业，但是由于产业调整，第二产业中资本对劳动力不断替代，第二产业就业的农民工人数呈现出不断下降的趋势，与之对应的第三产业则成为农民工就业增长的重要领域。蔡昉（2013）指出，劳动密集型的第二产业和第三产业分别要求从业者受教育年限为9.1年和9.6年，即完成初中教育；资本密集型的第二产业和技术密集型的第三产业就业岗位对受教育年限的要求分别为10.4年和13.3年，相当于职高和大专水平。然而，我国目前还有大量的农民工达不到产业转型升级的要求，作为提升就业技能的重要手段，农民工必须通过技能的学习来适应产业调整的需要。

表2.3 　　　　　　　　　　农民工就业变化情况 　　　　　　　　　单位：%

类别	2014年	2015年	2016年	2017年	2018年	2019年	2020年	2021年	2022年	2023年
第一产业	0.5	0.4	0.4	0.5	0.4	0.4	0.4	0.5	0.5	0.7
第二产业	56.6	55.1	52.9	51.5	49.1	48.6	48.1	48.6	47.8	45.5
第三产业	42.9	44.5	46.7	48.0	50.5	51.0	51.5	50.9	51.7	53.8

资料来源：国家统计局《农民工监测调查报告》，2014~2023年。

四、农村劳动力的下一代

农村剩余劳动力流入城市，随之而来的是其子女的教育问题。随迁子女由于城市教育资源的稀缺性和有限性被拒于"门槛"之外，教育质量难以保证，留守子女由于无法与父母生活在一起，教育和生活境况堪忧，而这些儿童正是我国未来的重要劳动力供给。因此，本部分将对农民工随迁子女和农村留守儿童的生活情况及教育现状进行详细介绍。

（一）子女随迁及留守情况

1. 随迁子女整体情况及基本特征

农民工随迁子女是流动人口中的一部分，通常，我国将流动人口理解为户籍不在本地但在本地工作或生活了一段时间的人口，也就是离开户籍所在地，在户籍所在地以外的地区工作或生活的人口。相应地，根据人口统计部门的定义，流动儿童是指居住地和户口登记地所在的乡镇街道不一致、离开户口登记地半年以上（但不包括市辖区内人户分离①）且年龄在 18 周岁以下的人口。流动儿童又可以按户口性质分为两个部分，一是农业户口者，二是非农业户口者。本书中，农民工随迁子女指的是户口性质为农业户口的流动儿童。《2023 年全国教育事业发展统计公报》数据显示，2023 年，我国义务教育阶段在校生中农民工随迁子女 1353.99 万人。其中，在小学就读 952.65 万人，在初中就读 401.34 万人。农民工随迁子女应具备以下特征：

第一，农民工随迁子女地区分布呈集中趋势。根据《2022 年教育事业发展简明统计分析》数据显示，2022 年，农民工随迁子女规模最多的 10 个省份是广东、江苏、浙江、福建、山东、湖南、河南、四川、广西和河北，占我国进城务工人员随迁子女在校生总数的 68.34%。其中，广东、江苏和浙江以外省迁入为主，福建、山东、湖南、河南、四川、广西和河北以省内外县迁入为主。

第二，跨地区迁移的随迁子女多于县内迁移的随迁子女。从农民工随迁子女流动所跨区域来看，按照所跨区域的距离远近，可以将其划分为 3 种类型：跨省流动农民工随迁子女、省内跨县流动农民工随迁子女、县内流动农

---

① 在流动人口中，有一部分是在一个城市的市区范围内因搬迁等原因而形成的居住地和户籍登记地相分离的群体，在进行流动人口的统计和分析研究时，很有必要将流动人口与市内人户分离人口区分开。

民工随迁子女。根据 2005 年全国 1% 人口抽样调查样本数据，跨省迁移农民工随迁子女占农民工随迁子女总数的 38.09%，省内跨县迁移农民工随迁子女占全部农民工随迁子女人数的 32.11%，县内迁移的农民工随迁子女占全部农民工随迁子女人数 29.8%（王宗萍等，2010）。

第三，农民工随迁子女的流动具有长期性。根据王宗萍等（2010）的研究，0~1 岁的农民工随迁子女中，半数人的流动时间与他们的年龄一致，对这些年龄较小的儿童来说，他们从一出生开始就一直都是在"流动"中度过的；2~4 岁的农民工随迁子女流动时间等于他们年龄的占比为 20%；而在 7~14 岁的农民工随迁子女中，流动时间超过 6 年的将近 1/3。这表明随迁子女的流动贯穿其成长过程，年龄越小，流动时间与年龄的同步性越强，反映出流动已成为其生活常态，教育和社会融入面临长期挑战。

2. 留守儿童整体情况及基本特征

留守儿童是指父母双方或者其中一方从农村迁移到其他地区，孩子则留在户籍所在地的农村地区不能和父母双方共同生活的儿童（段成荣和杨舸，2008）。2023 年 4 月，国家统计局、联合国儿童基金会、联合国人口基金共同发布的《2020 年中国儿童人口状况：事实与数据》显示，2020 年，我国共有留守儿童 6693 万人，其中，农村留守儿童 4177 万人，占全部留守儿童的 62.4%，占全部农村儿童的 37.9%。也就是说，每 10 名农村儿童中近 4 名是留守儿童。在总体规模呈现不断扩大的基础上，我国农村留守儿童具有以下特征：

第一，农村留守儿童的地域分布不均衡。2020 年，我国农村留守儿童高度集中在河南、四川、广西、湖南等劳务输出大省，但广东等东部发达省份农村留守儿童占比也较高。其中，河南农村留守儿童占全国农村留守儿童的比例最高，为 14.6%，其次为四川、广西、湖南和广东，分别占 8.5%、7.6%、7.1% 和 6.7%，上述 5 个省份留守儿童占全国农村留守儿童总数的 44.5%（吕利丹等，2024）。

第二，农村留守儿童现象在一些地区已经十分普遍。从农村留守儿童占农村儿童的比例来看，留守儿童在很多省市已经是一个十分普遍的现象。根据中华全国妇女联合会 2013 年发布的《全国农村留守儿童、城乡流动儿童状况调研报告》，从农村儿童中留守儿童所占比例来看，重庆、四川、安徽、江苏、江西和湖南的比例已超过 50%，湖北、广西、广东、贵州的比例超过 40%，农村留守儿童在这些省市已经是一个庞大的群体。从原因上分析，中部欠发达地区由于大量的人口流入到东部沿海地区，大量农村劳动力的输出客观上造成了农村留守儿童的普遍存在。而与此同时，像江苏、广东这样的发达地区，一方面，吸引了大量的外省流动人口，另一方面，也将省内相对落后地区的剩余农村劳动力吸引到省内发达地区务工，大量的省内流动造成了东部沿海地区这些省份农村留守儿童的增加。农村留守儿童在我国农村地区已经是一个十分普遍的现象。

第三，留守儿童居住情况需要关注。2020 年，45.6% 的农村留守儿童父母双方均外出务工（吕利丹等，2024）。按照居住对象来区分，留守儿童的居住情况可以分为三种：自己单独居住、与祖父母一起居住以及与祖父母之外的其他人一起居住。其中，与祖父母一起居住是农村留守儿童最为普遍的居住方式。中华全国妇女联合会 2013 年发布的《全国农村留守儿童、城乡流动儿童状况调研报告》数据显示，将近 1/3 的农村留守儿童都是与祖父母一起居住的，有 10% 左右的留守儿童是与祖父母之外的其他人一起居住，单独居住的农村留守儿童占留守儿童总数的 3.37%，规模达到 205.7 万人。对于农村留守儿童的居住问题，特别是单独居住的农村留守儿童的居住问题，政府和社会都应该给予高度的关注。

（二）子女受教育情况

1. 随迁子女受教育情况

农民工随迁子女义务教育质量有待提升。总体而言，农民工随迁子女在义务教育阶段的教育机会还处于较低的水平，农民工随迁子女尚未与城市学生一样享有自由、平等的选择并接受教育的权利和机会，主要表现在以下几个方面：第一，接受农民工随迁子女入学的学校主要集中在公办学校、民办学校以及打工子弟学校，这三类学校从教学水平上来看，也存在着较大的差异。公办学校优于政府批准的民办学校，民办学校优于农民工子弟学校，农民工子弟自办学校的教学质量最低，甚至，相当一部分的农民工子弟学校没有得到当地政府的批准，处于非法办学的状态。第二，接收农民工随迁子女的公办学校一般处于城乡接合部等经济发展相对较差的地区。与主城区的公办学校相比，教学质量还有很大的差距。第三，义务教育阶段与后续教育阶段之间缺乏有效衔接。农民工随迁子女在城镇接受义务教育之后，与非义务教育阶段往往缺乏有效的衔接，这导致农民工随迁子女在输入地所接受的教育是断裂的、不完整的，教育机会均等的通道并未彻底打通。

2. 留守儿童教育情况

根据国家统计局发布的《中国统计年鉴（2024）》数据显示，2023 年我国义务教育阶段农村留守儿童人数为 982.15 万人，其中，小学（6～11 岁）学龄阶段农村留守儿童人数为 607.87 万人，初中（12～14 岁）学龄阶段农村留守儿童人数为 374.28 万人，分别占农村留守儿童总量的 61.89% 和 38.11%。除了少数农村留守学龄儿童没有在校就读以外，他们中的绝大部分都在学校接受义务教育，农村留守学龄儿童接受义务教育状况总体良好，但部分中西部地区的农村留守儿童接受义务教育的状况相对较差（王康和拓宏伟，2013）。另外，农村留守儿童的不同监护人也会对农村留守儿童接受义务教育的机会和未来发展产生不同的影响。调查数据显示，农村留守儿童中，母亲外出务工，单独与父亲居住的农村留守儿童未按规定接受义务教育的比例是最高的，为 5.12%；父亲外出务工，单独与母亲或与母亲和祖父母一起居住的农村留守儿童，未按规定接受义务教育的比例相对较低，分别为 3.13% 和 3.11%。隔代照顾留守儿童的祖父母的平均年龄为 59.2 岁，受教育程度普遍很低，绝大部分为小学文化程度，甚至有8%的祖父和25%的祖母是未上过学的。由于受教育水平的限制，祖父母在抚养和教育留守儿童时面临诸多的困难和挑战（全国妇联课题组，2013）。

五、农民工市民化现状

农民工是我国在特定的发展阶段必然出现的一种现象，与之伴随的农民工市民化是这个过程中绕不开的话题。国内学者对农民工市民化的研究也进行了多年，取得了一定的成效。但在户籍制度、农村土地制度、社会保障制度等一系列条件的限制下，我国农民工市民化进程没有得到全面的推进，大多数农民工依然处于城市的边缘化状态，没有真正实现市民化与城市生活融合为一体。

（一）农民工就业情况

1. 农民工就业结构发生新变化

农民工市民化是一个长期的过程，自改革开放以来，我国的农民工就开始进城务工，农村人口也逐渐向城镇人口转变。从国家统计局的数据来看，农民工进城后基本都进入了次级劳动市场，在第二、第三产业就业的农民工占到农民工群体的绝大多数，其中又以制造业、建筑业和服务业吸纳的农民工人数为最多。根据国家统计局《农民工监测调查报告》，2023年我国农民工总数为29753万人，相比上年增加了191万人，增长了0.6%。从增速来看，2023年，农民工总数的增速比上年回落了0.8个百分点。从产业类别来看，从事第二产业的农民工占全体农民工总数的比重为45.5%，相比上年下降了2.3个百分点。其中，从事制造业和建筑业的农民工比重分别为27.5%和15.4%，相比上年从事制造业比重上升了0.1个百分点，从事建筑业比重下降了2.3个百分点。从事第三产业的农民工占全体农民工总数的比重为

53.8%，相比上年提高了 2.1 个百分点。其中，从事批发和零售业以及从事居民服务、修理和其他服务业的农民工比重分别为 13.2%、12.7%，相比上年分别提高了 0.7 个百分点和 0.8 个百分点。可见，我国农民工的就业形势正在发生转变。总体而言，农民工就业绝大多数集中在第二、第三产业，在第一产业就业的农民工只占到农民工总体的 0.7%。而在第二产业就业的农民工虽然占到了农民工总体的 45.5%，但是近年来，该比重呈现出不断下降的趋势。作为第三产业的服务业，对农民工就业的吸纳能力正在逐步提升。

2. 农民工就业区域逐渐转变

从整体来看，一个区域的经济活力越强、发展潜力越大，对农民工就业的吸纳能力就越强。而经济环境的改变又会对农民工就业产生直接的影响。众所周知，东部沿海地区一直是我国经济发展的活跃地带，特别是以长三角、珠三角、京津冀为代表的经济带更是吸引了大量的农民工到此就业谋生。根据国家统计局的数据显示，从输入地看，2023 年在东部地区、中部地区、西部地区和东北地区务工的农民工人数分别为：15277 万人、6982 万人、6552 万人和 872 万人，占农民工总量的比重分别为 51.3%、23.5%、22% 和 2.9%。从数据来看，东部地区农民工占比达到 51.3%，超过农民工总数的一半，东部地区依然是农民工就业的主要选择。但是受到经济环境的影响，我国加速了经济的转型升级，东部地区的很多产业开始逐渐向内地转移，加上沿海地区与内陆地区工资差异的不断缩小，很多农民工开始选择在本地就业。与此同时，内陆地区很多省份，一方面，积极对接东部地区产业转移，强化信息收集和发布，在农民工节日返乡期间举办大型招聘活动，组织引导农民工实现本地就业；另一方面，积极开发本地资源，增加就业岗位，强化本地基础设施建设，简化办事手续，为农民工在本地就业提供良好的外部环境。随着一系列举措的进行，2023 年在东部地区务工农民工比上年减少 170 万人，下降 1.1%，中部地区务工农民工比上年增加 211 万人，增长约 3.1%，西部地区务工农民工比上年增加 116 万人，增长约 1.8%，东北地区务工农民工比上年增加 29 万人，增长约 3.4%。除了东部地区就业农民工人数呈现下降趋势以外，其他地区的农民工人数都在不断提升。

（二）农民工收入情况

从收入水平来看，2021～2023 年农民工月均收入分别增长 8.8%、4.1% 和 3.6%，增幅呈现逐年回落。2023 年，批发和零售业、居民服务修理和其他服务业等第三产业农民工就业占比逐渐提高，自 2017 年突破一半后总体呈上升趋势。但值得注意的是，仍有近一半农民工就业集中在制造业、建筑业等传统行业，在这些行业就业的农民工接受技能培训的比重不高，因此在向技术密集型部门转移就业时，就表现出就业能力不足的特征。2023 年农民工的月均收入为 4780 元，相比上年增加了 165 元，增幅为 3.6%，增速相比上年回落了 0.5 个百分点。从不同行业来看，批发和零售业与交通运输、仓储和邮政业的增速较上年有所提高，制造业、建筑业、住宿和餐饮业以及居民服务、修理和其他服务业的农民工月均收入增速均出现了回落，与上年相比，回落比例分别为：2.3 个、1.8 个、0.5 个和 2.1 个百分点。2023 年外出务工农民工的月均收入为 5441 元，增幅为 3.8%；本地务工农民工月均收入为 4131 元，增幅为 2.6%。从工资水平来看，本地务工农民工月均收入要比外出务工农民工月均收入低 1310 元，从增速来看，本地务工农民工月均收入的增速比外出务工农民工低 1.2 个百分点。

（三）农民工居住情况

由于我国特殊的历史原因，城乡二元结构并没有完全被打破，在传统的户籍制度下，人口仍然被分为农村人口和城市人口。身份和生活环境的差异，逐渐形成了农村和城市两个相对独立的生活环境。农村和城市都有各自的地理环境、劳动特征、生活习惯、生态文明和文化氛围。长期以来，这两个群体之间流动性的缺乏，要将这两个不同环境的人群融合在一起，或者是让一方融入另一方的生活是十分困难的，需要有很好的顶层设计和科学改造方法。要将农民工转化为城市市民同样困难重重，需要社会和政府作出巨大的努力。从农民工的居住情况来看，总体居住环境有所改善，但进城农民工仍然以租住房屋为主。根据国家统计局《2018 年农民工监测调查报告》数据显示，2016 年，在进城务工农民工中，选择租住居住的农民工人数占到农民工总数的 61.3%，购买住房的农民工占 19.0%，单位或雇主提供住房的农民工占 12.9%。大多数农民工并没有选择在所在的城市购置房产。究其原因，"收入低"和"房价高"仍是农民工在城市定居的两只"拦路虎"。城市房价太高，农民工的收入不足以支付购房的全部费用，另外由于农民工工作的相对不稳定以及我国金融制度的原因，银行等金融机构对进城农民工购房的支持力度还远远不够。同时农民工由于在户籍、社保、医保、子女教育、老人照料等方面的顾虑，也成为农民工"进城定居"的障碍。

近年来，进城农民工居住状况逐步得到改善，人均居住面积不断增加，居住设施不断改善，城市生活适应度也在不断提高。《2023 年农民工监测调查报告》数据显示，进城农民工中，47.3% 认为自己是所居住城市的"本地人"，86.3% 表示非常适应或比较适应本地生活，38.2% 参加过所在社区组织的活动，进城农民工对所在城市的归属感和适应度不断增强。

（四）农民工权益保障情况

根据国家统计局《2018 年农民工监测调查报告》的数据，2016 年农民工年从业时间平均为 10 个月，月从业时间平均为 24.9 天，日从业时间平均为 8.5 小时，日从业时间超过 8 小时和周从业时间超过 44 小时的农民工分别占农民工总体的 64.4% 和 78.4%。可见，农民工超时劳动的现象比较普遍。但相比 2015 年，农民工超时劳动的情况已经有所改善，特别是外出农民工日工作超过 8 小时和周工作超过 44 小时的比重，分别比 2015 年下降了 1.8% 和 0.6%。此外，2016 年与雇主或单位签订了劳动合同的农民工占比为 35.1%，签订劳动合同的农民工比重相对较低，相比 2015 年，该比重下降 1.1%。2016 年，被拖欠工资的农民工总人数为 236.9 万人，较上年减少 38.9 万人，下降了 14.1%。被拖欠工资的农民工人均拖欠工资 11433 元，较 2015 年增加了 1645 元，增长了约 16.8%。拖欠农民工工资的行业主要集中在建筑业、制造业、批发和零售业、服务业，以及交通运输、仓储和邮政业。

（五）农民工与社会融合情况

进城农民工交往对象单一集中、社会交往层面狭窄。根据国家统计局数据显示，2016 年在城市生活的进城农民工，业余时间人际交往主要对象为同乡、当地朋友和同事，比例分别为 35.2%、24.3%、22.2%，基本不和他人来往的占 12.7%。交往对象的单一也造成进城农民工业余时间安排缺乏多样性，大多数进城农民工业余时间安排主要是看电视、上网和休息，比例分别为 45.8%、33.7% 和 29.1%。总体而言，进城农民工参加文体活动的比例较低，读书看报、参加学习培训的人数更是稀缺。调查显示，进城农民工遇到困难时，多数先找家人、亲戚、朋友和同乡帮助，通过单位领导或者相关部门解决问题的只占少数。农民工在工作和生活中遇到困难时，找家人和亲戚帮忙的占 62.4%，找同乡帮忙的占 28.9%，24.7% 选择找本地朋友帮忙，11.7% 选择找单位领导或同事帮忙，找工会、妇联和政府部门帮忙的占 6.8%，找社区帮忙的仅占 2.3%。

近年来，进城农民工参加所在社区、工会组织的活动更加积极，对所在城市的归属感和适应度不断增强。根据国家统计局数据，2022 年，进城农民工中 34.9% 参加过所在社区组织的活动，比上年提高 4.5 个百分点，其中，5.8% 经常参加，29.1% 偶尔参加。加入工会组织的进城农民工占已就业进城农民工的比重为 16.1%，比上年提高 1.6 个百分点。在已加入工会的农民工中，参加过工会活动的占 82.0%。不仅如此，根据国家统计局数据，2023 年进城农民工中 47.3% 认为自己是所居住城市的"本地人"，比上年提高 1.6

个百分点，86.3%表示非常适应或比较适应本地生活，比上年提高 1.1 个百分点，38.2%参加过所在社区组织的活动，比上年提高 3.3 个百分点。

六、新阶段城乡融合发展现状

从党的十八届三中全会提出"健全城乡发展一体化体制机制"，到党的二十届三中全会强调"完善城乡融合发展体制机制"，我国城乡关系在全面深化改革的推动下发生着深刻变化，城乡融合发展取得了积极成效。但也要深刻认识到，影响城乡融合发展的体制机制障碍尚未根本消除，仍然存在堵点。

（一）城乡间要素平等交换、双向流动的机制并不顺畅

受城乡二元经济体制的影响，城乡之间要素自由流动受到诸多限制，流动机制尚存严重壁垒，阻碍了城乡融合发展水平的提升。国家统计局数据显示，截至 2023 年底，我国常住人口城镇化率为 66.16%。然而，公安部统计数据表明，我国户籍人口城镇化率仅为 48.30%，两者之间相差 17.86 个百分点，这意味着约有 2.5 亿农业转移人口虽然长期居住于城市，但并不具备市民身份。尽管户籍制度改革、城市就业制度改革等政策措施使农业转移人口在城市的生活环境有所改善，但依然无法享有与城市居民同等的公共服务和社会保障，特别是在城市住房和子女教育等方面的门槛和制度约束，导致农业转移人口难以实现在城市定居的目标。此外，长期的人口"乡–城"单向流动成为阻碍我国城乡融合发展的一个重大问题，人口向乡村的流动并不充分，直接导致了一些农村地区空心化和边缘化的出现。未来，应积极促进人口双向流动，重点需要解决以下两个问题：一是如何让农业转移人口更快、更好地融入城市，涉及社保、住房、子女教育等公共服务的均等化；二是如何吸引更多"新农人"入乡返乡，涉及土地制度改革和农村地区的权益

保障。

（二）城乡发展不平衡、乡村发展不充分的短板依然存在

城乡要素不能平等交换和双向流动的根本原因在于城镇生产率高于乡村生产率，当务之急是提高农业劳动生产率。已有研究显示，发达国家农业劳动生产率已达到其工业劳动生产率约 1/2 的水平，而我国农业劳动生产率只相当于工业劳动生产率的 1/5（蔡继明，2022），这一差距不仅制约了农民收入的增长，也加剧了城乡发展失衡的问题。我国农业劳动生产率较低的制度根源是人地矛盾，2.3 亿户农户户均经营规模 7.8 亩，其中，经营耕地 10 亩以下的农户高达 2.1 亿户①，小规模分散经营模式难以形成规模效益，导致农业生产效率长期偏低。近年来，在政策推动和市场驱动下，各地土地流转速度显著加快，但户均耕地规模过小的事实并未改变，农业生产经营的分散化格局依然存在。改善这一现状，提升农业劳动生产率是关键，这就需要人才入乡返乡、工商资本下乡，通过引入先进技术、管理经验和资本，推动农业现代化进程。未来，应重点关注两个方面：一是如何确保人才入乡返乡政策能够真正吸引并留住人才；二是如何克服工商资本下乡在实际操作中面临的种种挑战。

第四节 本 章 小 结

通过对相关文献进行整理研究，不难看出，学术界围绕农村劳动力的迁移问题及人力资本问题开展了大量研究，取得了丰富的研究成果，为本研究提供了大量的知识储备和真知灼见。然而，现有研究也存在一定的不足之处，

---

① 全国 98% 以上的农业经营主体仍是小农户 [EB/OL]. https：//www.gov.cn/xinwen/2019 - 03/01/content_5369755.htm，2019 - 03 - 01.

有待进一步完善。实际上，决定农村劳动力迁移的因素不外乎以下几种：首先，是收入改善，例如，托达罗模型所表述的，农村劳动力向城市迁移的决策取决于预期的城乡收入差距。农村剩余劳动力的存在和农业比较收益低下是农村劳动力迁移的"推力"，而城市化、工业化带来的就业机会与城乡比较利益的差距是农村劳动力迁移的"拉力"，城乡收入水平差距则是决定我国农村劳动力迁移最关键的因素。其次，是改善环境，农村劳动力尤其是新生代农村劳动力，他们迁移是为了追求城市相对完善的公共服务和更好的生活环境，并且已有研究证明，这一因素在农村劳动力迁移决策中发挥的作用越来越大。此外，追求更高的边际效用也是影响农村劳动力迁移的一个重要因素。

当然，农村劳动力迁移也与人力资本积累密切相关。根据人力资本理论，为获得更好就业机会而进行的迁移实际上也是一种人力资本投资，迁移可以优化人力资本配置，使劳动者的人力资本得到更有效地利用，进而促进农村劳动力的人力资本积累。人力资本积累的越多，农村劳动力的能力和水平越高，其收入也会随之提升。由于高的人力资本积累得到了高的回报，农村劳动力之间的学习效应便会发挥作用，从而使他们的人力资本水平不断提升。理清上述思路后，本书研究发现：现有研究大多局限于比较单一的视角，只触及人力资本投资与农村劳动力迁移的某个或某些层面，研究的综合性和系统性还不够。实际上，农村劳动力迁移与人力资本投资之间并不只是简单的促进作用，两者之间的影响具有一定的复杂性。首先，人力资本既是迁移的内在动因，也是迁移的外在影响因素。其次，迁移所产生的影响也不仅仅局限于人力资本领域，还能进一步影响我国社会经济的可持续发展。然而，鲜有文献探讨农村劳动力迁移与人力资本之间的作用机制，以至于诸多问题并未得到揭示。因此，有必要对此进行更深层次的分析与探讨。

第三章

农村劳动力迁移的人力资本效应：
模型、机制与假说

为获得更好就业机会而进行的迁移属于人力资本投资的范畴，是农村劳动力实现人力资本增值的重要方式。农村劳动力迁移的人力资本效应体现在两个方面：一是迁移的人力资本配置效应，即劳动力通过合理地迁移或流动，可以实现人力资本的优化配置，使人力资本实现最有效和最获利的使用；二是迁移的人力资本投资效应，即劳动力迁移可以使其更加重视对人力资本的投资，包括自身培训投资和子女教育投资，从而促进人力资本的形成。进一步地，农村劳动力迁移所带来的人力资本的提升对我国市民化进程推进具有重要意义，因此，本章将重点分析农民工迁移的人力资本效应的理论逻辑与作用机制，并提出相应的研究假说，具体逻辑关系如图 3.1 所示。

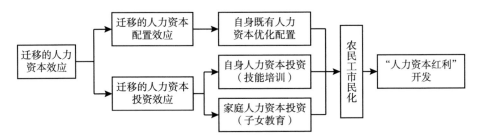

图 3.1 农村劳动力迁移的人力资本效应

第一节 农村劳动力迁移与既有人力资本优化配置

一、劳动力迁移的人力资本模型

阿姆斯特朗（Armstrong）和泰勒（Taylor）1986 年在《区域经济学与区域政策》一书中提出了劳动力迁移的人力资本模型，模型中指出，劳动力在迁移时会考虑其在剩余工作年限中通过迁移所能获得的收益，并且迁移对劳动者有积极的时间偏好，迁移后产生收益的速度越快，对人们作出迁移决策的吸引力也越大（卢继宏和廖桂蓉，2006）。模型具体表述为：

$$R_{ij} = \sum_{t=1}^{T} \frac{Y_{jt} - Y_{it}}{(1 + r)^t} \tag{3.1}$$

其中，R_{ij} 表示劳动力从区域 i 迁移到区域 j 所得到的预期总收入增加的现值；T 表示迁移劳动力剩余工作年限；r 表示折扣率，用以体现迁移劳动力的时间偏好；Y_{jt} 表示迁入地的预期收入；Y_{it} 表示迁出地的预期收入。那么，劳动力是否迁移取决于迁移所带来的净收益现值，即：

$$PV_{ij} = R_{ij} - C_{ij} \qquad (3.2)$$

其中，PV_{ij}表示劳动力从区域i迁移到区域j所能获得的净收益现值；R_{ij}表示劳动力迁移预期总收益的现值；C_{ij}表示劳动力迁移预期总成本的现值。

人力资本模型强调迁移行为的理性，考虑了迁移的直接成本和机会成本。农村劳动力之所以迁移取决于其对迁移的预期收益，如图3.2所示。

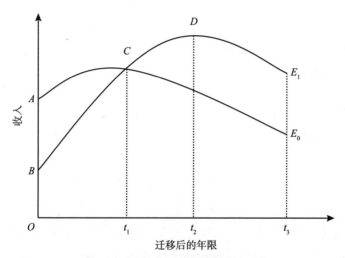

图3.2 劳动力迁移前后的收益曲线

图3.2中，E_0表示劳动力留在迁出地的预期收入曲线，E_1表示劳动力做出迁移决策后的预期收入曲线。在迁移初期，劳动力的预期收入可能不是很高，因为有可能存在失业或就业不足的情况，故E_1处于E_0之下。随着迁移时间的不断增加，劳动力逐渐适应新环境并建立起自己的社会网络，预期收入将会快速提升，在迁移后的t_1年超过E_0并继续其上升的态势。然而，随着劳动者年龄的增加，预期收入将在迁移后的t_2年开始下降，直至迁移后的t_3年劳动力退休。在C点以左的两条曲线之间的面积构成迁移的机会成本，在C点以右的两条曲线之间的面积构成迁移的预期增量收益。当预期增量收益的现值大于迁移直接成本和机会成本的现值时，迁移行为

就会发生。

这一理论以个体迁移的新古典经济学模型为起点，该理论模型认为：在宏观层面，不同地区资本与劳动力的相对稀缺性差异是劳动力迁移的根本原因，人口迁移是从劳动力相对剩余的地区前往劳动力稀缺的地区，因为在劳动力稀缺的地区劳动力的相对价格较高。在微观层面，迁移是基于个体成本－收益分析后作出的理性决策。在既定的人力资本条件下，劳动力会努力使自己的人力资本"卖"一个好价钱，包括通过迁移来实现这一目标（袁振国等，2012）。当劳动力能够在其他地方获得更高的收入和回报时，劳动力就会进行迁移，当然，这需要扣除交通成本、寻找新工作和适应新环境的成本以及断绝或维护旧的社会网络的成本（Sjaastad，1962；Cerrutti and Massey，2001）。

二、农村劳动力迁移对教育回报提升的影响机制

随着我国社会经济发展及市场化改革的深入，农村转移劳动力规模逐步扩大。一般而言，农村劳动力迁移的动机包括两个方面：一是追求更高的劳动报酬，二是寻找更好的就业机会。追求更高的劳动报酬一直是影响我国农村劳动力迁移最主要的因素（中共中央政策研究室农村组，1994；李强，2003），而寻找更好的就业机会也正逐渐在农村劳动力迁移决策中发挥越来越大的作用。根据人力资本理论，为获得更好就业机会而进行的迁移属于人力资本投资的范畴，可以使劳动者获得更高的人力资本配置收益（Schultz，1961；Sjaastad，1962）。因此，本书将在以下方面阐述农民工迁移对既有人力资本优化配置的作用机制。

（一）迁移的收入增长效应

迁移常常被视为农村劳动者改善自身生活水平、获取公平机会的重要途

径（孙三百等，2012）。已有研究表明，迁移对农村转移劳动力收入提升具有确切的促进作用（赵耀辉，1997；赵海和彭代彦，2009；孙三百，2015）。一方面，迁移具有优化劳动力配置、改善劳动供求状况的内在作用（肖卫，2013），这在一定程度上促进了农村转移劳动力收入的提升；另一方面，迁移促进了劳动力要素在空间上的集中，城市发展的规模经济效应带来的职业匹配和搜寻成本的节约有利于提高农村转移劳动力的就业概率和收入水平。通过迁移的收入增长效应，农村转移劳动力将会获得更高的教育回报，但这并不是教育回报提升的充分条件，而是必要条件。只有迁移使受教育程度更高的劳动力收入增加更多时才能扩大不同受教育程度者之间的收入差距，从而使其教育回报得到提升（吴克明和田永坡，2008）。

（二）迁移的人力资本配置效应

迁移行为本身虽不会直接增加农村劳动力的人力资本存量，但迁移可以优化人力资本配置，促使人力资本得到更有效的利用，进而提高农村转移劳动力的边际生产效率，使其获得更高的教育回报。一方面，迁移可以影响教育的配置功能。教育兼具生产和配置能力，但教育配置能力的发挥要求存在竞争性劳动力市场且劳动力要素是自由流动的（Sjaastad，1962；Welch，1970）。我国劳动力市场的制度性分割抑制了教育配置能力的发挥，劳动力流动制度的建立和逐步完善促进了劳动力资源的合理配置，补充了教育的配置能力，扩大了不同教育程度的劳动力之间的收入差距，进而提升了劳动者的教育回报（戎建，2008）。另一方面，迁移可以优化资源配置效率。迁移可以改善劳动力市场供求状况，促使就业结构伴随产业结构的变化迅速有效地作出调整，高技能劳动者集聚所带来的知识溢出效应也能使农村转移劳动力的劳动生产率得到提升，从而获得更高的教育回报（陆铭等，2012；Glaeser and Xiong，2017）。当迁移者得到更高的教育回报时，学习效应便会发挥作用，农村劳动力会通过迁移的方式继续优化人力资本配置效率，从而使其教育回报不断提升。

(三) 迁移的人力资本投资效应

除了使农村劳动力现存的人力资本得到更有效的配置外, 迁移还可以使农村劳动力更加重视自身的人力资本水平, 促进人力资本的再投资。通常, 农村劳动力初始人力资本水平较低, 这导致其职业层次较低, 处于社会的弱势地位。随着产业结构升级和发展方式的转变, 农村劳动力更是难以符合城市对工作技能的要求, 不得不通过接受教育或技能培训的方式积累社会所需的人力资本。同时, 劳动者之间工资薪酬的差异、行业的差别、工作环境及工作稳定性的差距、其他具有相似人力资本的同行竞争也对农村劳动力人力资本再投资产生正向的激励作用 (白菊红, 2004)。人力资本积累得越多, 农村劳动力的能力和水平越高, 其教育回报也会随之提升。

综上所述, 迁移影响农村劳动力教育回报的作用机制, 可以通过收入增长、人力资本配置和人力资本投资三条路径进行分析, 具体如图 3.3 所示。

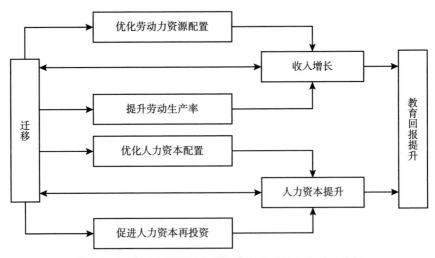

图 3.3　迁移对农村劳动力教育回报影响的作用机制分析

然而，由于市场环境和资源配置方式的差异性，不同的迁移选择可能带来不一样的教育回报。此外，不同层次的教育水平其资源配置的效率不同，加上在劳动力市场上教育层次的信号作用，不同教育层次农村劳动力教育回报迁移效应可能存在异质性。同样，迁往不同城市的农村劳动力由于市场环境的差异，其教育回报的迁移效应也可能存在异质性。异质性是微观计量研究所不可忽略的重要问题（高梦滔和姚洋，2006），鉴于此，本书将在实证检验农村转移劳动力教育回报迁移效应存在性的基础上，对农村转移劳动力教育回报迁移效应的异质性做进一步的拓展研究。

根据上述分析，本书提出如下研究假说：

假说1：迁移可以使农民工教育回报得到提升。

假说2：迁移对农民工教育回报的影响存在异质性。

第二节　农村劳动力迁移与自身培训投资增收效应

一、农村劳动力技能培训的增收效应

人力资本理论认为，技能培训作为一项具有经济价值的人力资本投资，有助于提高劳动者的劳动生产率及收入水平。无论是一般技能培训还是特殊技能培训，均与劳动者工资收入正向相关。与未接受过培训的劳动者相比，接受过培训的劳动者的工资收入曲线更为陡峭（Mincer，1962；Becker，1964）。然而，现实生活中，技能培训对收入的正向作用会随培训内容、培训时长以及培训类型的不同而不同，其实际效用需要通过经验研究的途径加以确定（Cahuc and Zylberberg，2004）。

（一）政府培训的增收效应

根据人力资本投资理论，公共部门（如政府、非营利部门）的培训收益低于私人部门（如企业、雇主）的培训收益。究其原因，公共部门提供的培训（如政府财政支持的培训）具有公益性质，更多是基于公平的目标考虑能力较弱的群体，培训侧重普及性而缺乏针对性，只能解决简单就业，因而此类培训在改善个人收入和就业状况上效果并不理想。此外，农民工参与政府培训不需要承担任何物质成本，"零付费"可能导致农民工出现消极培训的情况，致使培训的增收效果甚微。

（二）企业培训的增收效应

企业对劳动力市场上的技能需求变化更敏感，也更清楚自己的需求，由企业提供的培训往往会紧密结合岗位的实际需要，具有更强的专业性和针对性，是最有利于技能形成和提升的培训（王玉霞，2012）。然而，获得企业培训机会的通常是具备更高学历或更好学习能力的劳动者，对于教育程度偏低、技能水平不足的农民工而言，此类培训虽能有效提升劳动生产率、促进收入增长，但农民工在培训参与方面可能不具备优势。不仅如此，农民工的高流动性和培训收益的外溢性也会导致企业不愿为农民工支付培训费用。

（三）社会培训的增收效应

进一步地，农民工自费参与的社会培训又与政府培训和企业培训不同。在培训供给侧，社会培训是由培训机构提供的，此类培训机构是以盈利为目的的组织，利益驱动使得社会培训的培训内容和培训方式紧扣培训需求和市场导向（梁栩凌和廉串德，2014）。在培训需求侧，社会培训是农民工根据自身技能需要主动选择的培训，培训费用由自己承担，从投资价值来看，自己支付的投资总是希望获取更多的回报，在培训过程中，农民工可能会更加投入于培训，其努力的程度、接受新技能的速度、实际生产率提升的程度可能会更高。培训效果又与培训投入成正比，因而自费参与过社会培训的农民工在收入提升上更具优势（魏万青，2016）。然而，个人自费参与培训也存在一定弊端，绝大多数农民工的收入水平较低，这可能导致一些农民工因接受技能培训成本过高而放弃原本想要参加的培训，也就是说，个人自费参与社会培训会排斥经济实力较低的农民工，使其参与培训的可能性变得十分有限。

根据上述分析，本书提出如下研究假说：

假说3：农民工技能培训存在增收效应。

假说4：农民工技能培训的增收效应因培训类型而产生差异性。

二、农村劳动力技能培训增收效应的迁移异质性

已有研究表明，培训的增收效应与劳动力市场的结构特征有关（Gawley，2003），不同市场环境下，资源配置的效率不同，农民工培训的增收效应也有所不同。农民工面临怎样的劳动力市场取决于其迁移选择，也就是说，农民工的迁移选择可能会影响其参与培训的增收效果。大部分研究认为农民工跨省迁移是更深程度的转移方式，对农民工技能提升、收入增加和劳动力优化配置具有重要意义（Wu and Yao，2003；黄宁阳和龚梦，2010；郭力等，2011）。然而，相比省内迁移，农民工跨省迁移要面临更高的进入成本和进入门槛，面临的劳动力市场分割和歧视程度也相对更高，通常难以获得与本地农民工平等的就业机会及合理的劳动力市场回报。因此，跨省迁移的农民工对技能培训的需求可能更强，培训时也会更投入，故培训带来的增收效应也会更理想。

根据上述分析，本书提出如下研究假说：

假说5：农民工技能培训增收效应具有迁移异质性，即在不同的迁移选择下，农民工培训的增收效果存在差异。

第三节 农村劳动力迁移与家庭人力资本投资决策

一、子女教育决策模型

家庭对子女的人力资本投资是一项长期投资，其投资收益具有很长的滞后性，只有当子女长大成人并进入劳动力市场后，才能获得投资的回报。不仅如此，家庭对子女的人力资本投资回报会受个人性格、机遇、健康等众多因素的影响，具有很大的不确定性和风险性。现有研究大多通过建立微观经济学模型对家庭教育投资决策问题进行研究，主要分为三类：一是基于新古典家庭模型的教育投资决策模型；二是人力资本模型；三是人口统计模型。基于新古典家庭模型的教育投资决策模型假定在家庭资源配置决策方面家庭是决策的基本单位，家庭将其成员的生产、消费与劳动力供给决策统一到一个家庭效用函数中。人力资本模型包含了对当期收入和未来高收入的权衡，子女是否上学的决策可以在跨期预算的约束下，通过最大化当期和未来的消费效用来求解。人口统计模型则主要用于检验儿童个人特征和教育结果之间的关系（张永强和杨中全，2010）。农民工家庭对子女的投资决策与普通家庭不同，不仅包括子女的教育投资决策，还包括子女的随迁就学决策（刘静等，2017）。

（一）子女随迁就学决策模型

依据现有教育经济学文献，农民工家庭子女随迁就学决策不仅受到子女个体特征、家庭特征等因素的影响，还会受农民工迁移特征以及迁入城市随迁子女就学制度等因素的影响。其中，农民工子女个体特征包括子女性别、年龄、子女数量、是否独生子女、就学阶段和就学选择等因素；家庭特征包括家庭核心劳动力的性别、工作经验、教育程度、日均工作时间、社会保障、职业、配偶教育程度、家庭收入、住房性质等因素；迁移特征包括农民工的迁移距离、迁移方式和迁移稳定性；迁入城市随迁子女就学制度因素可以用现居城市规模来衡量。

一般地，农民工家庭对子女的随迁就学需求可以简要地表述为：

$$D(t)_i = F(Children_i, Family_i, Migration_i, City_i) \qquad (3.3)$$

其中，$D(t)_i$ 为 t 时期的随迁就学需求，$Children_i$ 为农民工子女个体特征，$Family_i$ 为农民工的家庭特征，$Migration_i$ 为农民工的迁移特征，$City_i$ 为农民工迁入城市的特征，即现居城市规模。

（二）子女教育投资决策模型

农民工家庭对子女的教育投资除了体现在让子女随迁就学接受更好的教育外，还体现在以下方面：一是家庭会为子女提供学习必要的费用支出，如学杂费、书本费、文具费等，同时，还会为子女支付一些与教育有直接或间接关系的费用支出，如为子女报辅导班或兴趣班、购买各种课外图书资料等。二是家庭还会辅导子女的作业功课、监督子女的学习等。从测度的可操作性出发，可将上述因素归纳为两类，即物质投入和时间投入。通常，在其他因素保持不变的情况下，对子女的物质投入和时间投入越多，子女的学习情况可能越好。当然，这是在不考虑投入质量，仅考虑投入数量的情况下得到的结论。如果将农民工子女的人力资本投资看作是上述两种重要投入品的结果，那么研究农村劳动力迁移行为对子女人力资本投资的影响机制则可分别在上述两个方面展开。

根据上述理论框架，构建如下模型：

$$Invest_{ij} = F(Migration_i, Family_i, Children_i, Area_i) \qquad (3.4)$$

其中，$Invest_{ij}$ 为农民工家庭子女教育投资决策（$j=1$，2 分别表示物质投入和时间投入），*Migration*_i 为农民工的迁移选择，*Family*_i 为农民工家庭特征，*Children*_i 为农民工子女个人特征向量，*Area*_i 为农民工现居的地区类型，用来衡量农民工对子女教育投资决策的环境影响。

二、农村劳动力迁移对子女人力资本投资的影响机制

农民工迁移对子女教育的影响是多方面的，既有正向影响，也有负向影响。一方面，农民工迁移对子女教育水平具有正向促进作用。外出务工农民工可以通过汇款的方式改变家庭的预算约束，使家庭更有能力支持子女获得更高的教育水平（Edwards and Ureta，2003）。不仅如此，农民工外出务工时的所见所闻可以改变其教育意念和观念，提高了其对子女接受更高教育的需求和期望，也提高了子女追求更高教育水平的动力和愿望，从而获得更高的教育水平。另一方面，农民工迁移也会对子女教育水平产生负面影响（李云森，2013）。农村劳动力外出务工可能会对子女的心理产生不利影响，从而影响子女学业成绩和升学积极性（Kandel and Kao，2001；Mckenzie and Rapoport，2006；Robles and Oropesa，2011；陶然和周慧敏，2012）。

第四节　本章小结

迁移作为一种人力资本投资形式，可以产生人力资本效应，实现农村劳动力人力资本的增值和增加。一方面，迁移具有人力资本配置效应，合理地迁移或流动可以实现农村劳动力既有人力资本的优化配置；另一方面，迁移具有人力资本投资效应，迁移可以开阔农村劳动力视野，使其认识到人力资本的重要性，从而增加对自身及子女的人力资本投资。本章介绍了农村劳动力迁移人力资本效应的理论模型、作用机制与研究假说，分别对农村劳动

迁移与既有人力资本配置、农村劳动力迁移与自身人力资本投资、农村劳动力迁移与家庭人力资本投资的影响机理和作用路径进行了梳理，构建了农村劳动力迁移人力资本效应的理论逻辑与分析范式，本章是对表象问题的深化分析，可为理解和揭示研究问题的本质提供逻辑思路与理论参考，为研究提供主要的理论支撑。

| 第四章 |

农村劳动力迁移与既有人力资本优化：
学历教育的配置效应*

为获得更好就业机会而进行的迁移同教育一样，属于人力资本投资的范畴（Schultz，1961；Becker，1964）。通过农民工的合理迁移，在宏观上，可以实现人力资本的优化配置，调整人力资本分布的稀缺程度；在微观上，可以使农民工的人力资本实现最优效率和最获利的使用。本章将在前文理论机制探讨的基础上，进一步实证检验农民工迁移所带来的既有人力资本的优化配置效应，即迁移所带来的农民工教育回报的变化。值得一提的是，迁移是农民工根据其自身内外部约束条件自我选择的结果，可能存在选择偏差。因

---

* 本章部分内容已发表于《农业技术经济》2018 年第 1 期。

此，在实证研究中，本章将运用处理效应模型进行更为真实的考察，以期为农民工人力资本投资提供迁移层面的证据和补充，并为未来城市人口迁移政策的制定提供相应的参考和依据。

第一节 研究基础

合理的教育回报是我国培养和建设高素质劳动力队伍的重要保证。然而，我国劳动力的教育回报率整体偏低，农民工群体的教育回报率更是大大低于全国平均水平（侯风云，2004；de Braum and Rozelle，2008）。究其原因，一方面，我国劳动力市场的制度性分割阻碍了农民工的自主选择和自由流动，对劳动力的生产产生了负面影响，从而降低了农民工的教育回报率（赖德胜，1998）；另一方面，我国农民工的教育程度普遍偏低，缺乏现代生产所需的技能，从而造成了农民工教育回报率的低下（刘万霞，2011）。实际上，迁移可以促进劳动力资源和人力资本的优化配置，使农民工获得更高的教育回报。一方面，迁移可以促进人力资本与其他生产要素的合理配置和优化组合，相对自由地流动也使农民工能够根据其个人偏好来选择恰当的位置，有助于发挥更大的积极性，增加其内含的人力资本价值。另一方面，迁移还可以改善劳动力市场供求状况，促使就业结构伴随产业结构的变化迅速有效地作出调整，高技能劳动者集聚所带来的知识溢出效应也能够使农民工劳动生产率得到提升（陆铭等，2012）。当迁移的农民工得到更高的教育回报时，学习效应便会发挥作用，农民工将会通过迁移的方式继续优化劳动力资源和人力资本的配置，从而使农民工的教育回报不断提升。

迄今为止，国内外大量研究充分肯定了农民工迁移对经济增长、收入分配、城镇化及贫困缓解的促进作用（蔡昉和王德文，1999；李实，1999；都阳和朴之水，2003；钞小静和沈坤荣，2014），而就农民工迁移对其教育回报影响的研究则相对不足，以至于诸多作用机制并未得到揭示。农民工是我国劳动力市场的中坚力量，研究迁移对其教育回报的影响对我国农民工收入提升、家庭教育选择以及相关教育政策制定具有十分重要的意义。基于此，本章将在前文理论机制探讨的基础上，进一步实证分析迁移所带来的农民工既有人力资本的优化配置效应，即迁移所带来的农民工教育回报的变化。值得一提的是，迁移是农民工根据其自身内外部约束条件自我选择的结果，可能存在选择偏差。因此，在实证研究中，本章将运用处理效应模型进行更为真实的考察，以期为农民工人力资本投资提供迁移层面的证据和补充，并为未来城市人口迁移政策的制定提供相应的参考和依据。

第二节　研究方法与数据来源

一、模型建立与变量设置

为考察农民工迁移所带来的教育回报的变化，本章在传统 Mincer 方程的基础上引入表示迁移的虚拟变量。模型具体形式如下：

$$\ln wage_i = \alpha Edu_i + \beta Mig_i + X'_i\gamma + \mu_i \tag{4.1}$$

式中，$\ln wage_i$ 为月收入的对数。Mig_i 为表示迁移的虚拟变量，若农民工选择外出务工，则 $Mig_i = 1$；若农民工选择本地务工，则 $Mig_i = 0$。Edu_i 为受教育年限。X 为控制变量向量，包括工作经验、工作经验的平方、性别、婚姻状况、劳动强度、职业和地区等与个人相关的特征。α 为教育回报率，μ_i 为零均值期望的随机扰动项。

二、估计方法——处理效应模型

考虑到被调查的农民工可能存在自选择问题，即存在不可观测的因素使得到外地务工的农民工不论做出怎样的务工决策都会比其他人获得更高的收入，进而影响其教育回报率。因此，将运用曼达拉（Maddala, 1983）提出的处理效应模型（treatment effects model）进行更为精确地估计，并与 OLS 回归的估计结果进行对比。

假设处理变量由如下处理方程所决定：

$$Mig_i = l(Z_i'\delta + \varepsilon_i) \tag{4.2}$$

其中，$l(\cdot)$ 为示性函数。Z_i 为可观测的控制变量，可能包含部分 X_i，但至少有一个变量不在 X_i 中。其中，影响迁移决策但不影响收入水平的变量为模型识别的"排除约束"，即工具变量。$Z_i'\delta$ 相当于农民工迁移的效用，迁移所带来的效用越大，其迁移概率越高。ε_i 为农户决策时不可观测的随机扰动项。假设扰动项（μ_i，ε_i）服从二维正态分布：

$$\begin{pmatrix} \mu_i \\ \varepsilon_i \end{pmatrix} \sim N\left[\begin{pmatrix} 0 \\ 0 \end{pmatrix}, \begin{pmatrix} \sigma_\mu^2 & \rho\sigma_\mu \\ \rho\sigma_\mu & 1 \end{pmatrix} \right] \tag{4.3}$$

其中，ρ 为（μ_i，ε_i）的相关系数。若 $\rho \neq 0$，则模型存在内生性，若 $\rho = 0$，则不存在内生性，可直接由 OLS 得到方程（4.1）的一致估计。对于外出农民工，Mig_i 的条件期望为：

$$\begin{aligned} E(\text{lnwage}_i \mid Mig_i = 1) &= \alpha Edu_i + \beta + X_i'\gamma + E(\mu_i \mid Mig_i = 1) \\ &= \alpha Edu_i + \beta + X_i'\gamma + E(\mu_i \mid Z_i'\delta + \varepsilon_i > 0) \\ &= \alpha Edu_i + \beta + X_i'\gamma + E(\mu_i \mid \varepsilon_i > -Z_i'\delta) \\ &= \alpha Edu_i + \beta + X_i'\gamma + \rho\sigma_\mu\lambda(-Z_i'\delta) \end{aligned} \tag{4.4}$$

其中，$\lambda(\cdot)$ 为风险函数，即 $\lambda(c) \equiv \dfrac{\phi(c)}{1 - \Phi(c)}$。同样地，对于本地农民工，

Mig_i 的条件期望为：

$$E(\ln wage_i \mid Mig_i = 0) = \alpha Edu_i + X_i'\gamma + E(\mu_i \mid Mig_i = 0)$$

$$= \alpha Edu_i + X_i'\gamma + E(\mu_i \mid Z_i'\delta + \varepsilon_i \leqslant 0)$$

$$= \alpha Edu_i + X_i'\gamma + E(\mu_i \mid \varepsilon_i \leqslant -Z_i'\delta)$$

$$= \alpha Edu_i + X_i'\gamma - \rho\sigma_\mu\lambda(Z_i'\delta) \qquad (4.5)$$

则外出农民工与本地农民工的条件期望之差为：

$$E(\ln wage_i \mid Mig_i = 1) - E(\ln wage_i \mid Mig_i = 0) = \beta + \rho\sigma_\mu[\lambda(-Z_i'\delta) + \lambda(Z_i'\delta)]$$

$$(4.6)$$

显然，如果直接比较两组的平均收益 $\ln wage_i$，将会因 $\rho\sigma_\mu[\lambda(-Z_i'\delta) + \lambda(Z_i'\delta)]$ 这一项而得到有偏的估计结果，进而影响其教育回报率的真实可靠性。为了将两组农民工放在一起进行回归，定义个体的风险（hazard）为：

$$\lambda_i = \begin{cases} \lambda(-Z_i'\delta), & \text{若 } Mig_i = 1 \\ -\lambda(Z_i'\delta), & \text{若 } Mig_i = 0 \end{cases} \qquad (4.7)$$

进一步地，有：

$$\ln wage_i = \alpha Edu_i + \beta Mig_i + X_i'\gamma + \rho\sigma_\mu\lambda_i \qquad (4.8)$$

具体方法与埃内斯托和克里斯蒂安（Ernesto and Crhistian，2011）的研究类似。第一步运用 Probit 模型估计方程 $P(Mig_i = 1 \mid Z_i) = \Phi(Z_i'\delta)$，得到估计值 $\hat{\delta}$，计算 $\hat{\lambda}_i$；第二步运用 OLS 估计方程（4.8）。

三、数据来源与变量选取

（一）数据来源

本章使用的数据来源于 2015 年全国流动人口动态监测调查数据，该调查涵盖了我国 31 个省份（不包含我国港澳台地区）在流入地居住一个月及以上的流动人口基本情况、就业居住及社会保障等方面的信息。本章选取了劳动年龄（男性 16~60 周岁，女性 16~55 周岁）的农民工作为研究对象。由于一些地区进行了户籍制度改革，取消了农业户口，因此，本章所选样本中也包含了少量持有农业转居民户口的农民工，共计 412 人。同时，剔除了跨境迁移以及因婚嫁、学习、培训、探亲而迁移的人口，只选取务工经商的农民工作为分析样本。去掉关键变量缺失的样本后，得到有效样本 130517 人。

（二）变量选取

1. 迁移变量

由于我国各地劳动力市场的市场环境和资源配置方式存在较大差异，因此，在同等受教育水平下，农民工不同的迁移选择可能会使其获得不同的教育回报。通常，农民工会在外地非农工作和本地非农工作之间作出选择。本章依据农民工的迁移范围，将跨省迁移和省内跨市迁移的农民工视为外出农民工，本市内迁移的农民工视为本地农民工。样本中，外出农民工 106219 人，占样本总数的 81.38%；本地农民工 24298 人，占样本总数的 18.62%。

2. 受教育程度

样本数据中的受教育程度包括：未上过学、小学、初中、高中或中专、大学专科、大学本科和研究生几类，依据目前的教育体制，并参照邢春冰等（2013）的研究，将农民工的受教育程度与受教育年限进行转换，即小学、初中、高中或中专、大学专科、大学本科和研究生的受教育年限分别赋值为 6 年、9 年、12 年、15 年、16 年和 19 年。

3. 其他控制变量

与其他相关研究类似，本书在收入方程中控制了农民工的工作经验、工作经验的平方、性别、婚姻状况、劳动强度、职业和地区等与个人相关的特征。农民工潜在的工作经验由年龄和受教育年限计算可得，即工作经验 = 年龄－受教育年限－6。劳动强度是农民工每周工作的小时数。子女是否随迁、老家是否有 60 岁及以上老人是模型的工具变量，上述变量影响农民工的迁移决策，但并不直接影响其收入水平。

方程中使用的收入为农民工的月收入，对于收入的离群值，本章采用了巴尼特和刘易斯（Barnett and Lewis，1994）的处理方法，即将所有离群值以仅次于（大于或小于）非离群值替代。

第三节 农村劳动力迁移对学历教育
优化配置的实证结果分析

一、不同迁移选择农村劳动力的个人特征比较分析

表 4.1 列出了主要变量的均值情况，并进行了显著性检验。由表 4.1 可知，在全部样本 130517 人中，外出农民工 106219 人，占样本总数的 81.38%；本地农民工 24298 人，占样本总数的 18.62%。可见，农民工以跨地区迁移为主，市内迁移的农民工数量较少。

表 4.1 不同迁移选择农民工个人特征情况

变量名	含义及赋值	全部样本	外出农民工子样本	本地农民工子样本
Edu	受教育年限（年）	9.5662 (2.6346)	9.5062 *** (2.6479)	9.8285 *** (2.5594)
Exp	工作经验（年）	19.3190 (10.5420)	19.3576 *** (10.558)	19.1501 *** (10.4706)

续表

变量名	含义及赋值	全部样本	外出农民工 子样本	本地农民工 子样本
Gender	性别（男＝1；女＝0）	0.6031 (0.4893)	0.6052 *** (0.4888)	0.5938 *** (0.4911)
Spouse	婚姻状况（已婚＝1；其他＝0）	0.7323 (0.4427)	0.7284 *** (0.4448)	0.7500 *** (0.4330)
Intensity	劳动强度（小时/周）	55.5334 (15.3164)	55.5694 ** (15.3973)	55.3756 ** (14.9572)
Child_m	子女是否随迁（是＝1；否＝0）	0.4718 (0.4992)	0.4601 *** (0.4984)	0.5229 *** (0.4995)
Old	老家是否有60岁及以上老人 （是＝1；否＝0）	0.5418 (0.4982)	0.5440 *** (0.4981)	0.5321 *** (0.4990)
Wage	月收入（元）	3812.5267 (2004.9489)	3883.1716 *** (2029.9439)	3503.7018 *** (1860.6184)
	样本观测数（人）	130517	106219	24298

注：表中数据为样本均值，括号内数据为标准差；***、** 和 * 分别表示在1%、5%和10%统计水平上显著。

样本中，农民工整体的教育程度以初中为主，平均受教育年限约为9.57年。本地农民工整体受教育程度更高，平均受教育年限约为9.83年，外出农民工平均受教育年限仅为9.51年。农民工的平均工作经验约为19.32年，相比本地农民工，外出农民工积累了更多的工作经验。外出农民工中男性的比例高于本地农民工，同时，本地农民工中已婚的比例更高。两组农民工在劳动强度方面的差异并不十分明显。外出农民工中，老家有60岁及以上老人的比例略高于本地农民工，但子女随迁的比例大大低于本地农民工。农民工平均月收入约为3812.53元，其中，外出农民工平均月收入约为3883.17元，显著高于本地农民工的3503.70元。

二、农村劳动力学历教育配置效应的存在性：OLS 估计

在不考虑迁移内生性的情况下，首先，直接用 OLS 估计农民工的收入方程，具体结果如表4.2所示。估计结果显示：与本地农民工相比，外出农民工的月收入高出 7.23%（$e^{0.0698} - 1 \approx 7.23\%$），这体现了迁移对农民工收入具有提升作用。进一步地，考察农民工的教育回报发现：外出农民工教育回报率为 2.31%，本地农民工教育回报率仅为 1.61%，两者相差 0.7 个百分点。可见，与本地农民工相比，外出农民工虽然整体教育程度低，但却获得了更高的教育回报，即迁移可以优化农民工既有的人力资本，使农民工获得更高的教育回报。农民工通过迁移使其教育回报得到提升，一方面印证了迁移同教育一样，是一项重要的人力资本投资；另一方面，也证明了大规模的乡城劳动力迁移确实促进了劳动力资源的合理配置，并在一定程度上补充了教育的配置能力，从而使外出农民工获得更高的教育回报。

表4.2　　　　　　农民工教育回报的迁移效应：OLS 估计

变量	全部样本	外出农民工	本地农民工
Edu	0.0219 *** (0.0006)	0.0231 *** (0.0006)	0.0161 *** (0.0014)
Mig	0.0698 *** (0.0034)	—	—
Exp	0.0141 *** (0.0005)	0.0139 *** (0.0005)	0.0147 *** (0.0012)
Exp^2	- 0.0004 *** (0.0000)	- 0.0003 *** (0.0000)	- 0.0004 *** (0.0000)
$Gender$	0.2112 *** (0.0025)	0.2058 *** (0.0028)	0.2331 *** (0.0060)

续表

变量	全部样本	外出农民工	本地农民工
Spouse	0. 1067 *** (0. 0034)	0. 1066 *** (0. 0038)	0. 1070 *** (0. 0081)
Intensity	0. 0014 *** (0. 0001)	0. 0014 *** (0. 0001)	0. 0015 *** (0. 0002)
常数项	7. 8955 *** (0. 0364)	7. 9776 *** (0. 0408)	7. 6685 *** (0. 0756)
Occupation	控制	控制	控制
Area	控制	控制	控制
样本观测数（人）	130517	106219	24298
R^2	0. 1915	0. 1857	0. 1932

注：***、** 和 * 分别表示在 1%、5% 和 10% 统计水平上显著；标准误是由 bootstrap 产生的稳健性标准误。

然而，迁移变量可能是内生的，一些不可观测特征会影响农民工的迁移选择，进而影响其收入水平及教育回报，从而 OLS 的估计结果可能是有偏的。如果外出农民工与本地农民工相比具有更高的能力，那么更高的工资则是其能力的合理回报而非迁移选择所决定的，这时就需要对外出农民工的高工资持谨慎态度（宁光杰，2014）。基于此，将运用处理效应模型进一步分析迁移对农民工教育回报的真实影响。具体分为以下两步：第一步运用 Probit 模型分析影响农民工的迁移选择的因素；第二步通过风险函数分析农民工的收入方程。

三、农村劳动力迁移对学历教育优化配置的真实影响：处理效应模型估计

首先，从影响农民工迁移选择的因素看，受教育年限、工作经验、性别、

子女是否随迁、老家中是否有 60 岁及以上老人等变量均显著影响农民工外出务工的概率，并在 1% 统计水平上显著。如表 4.3 所示。

表 4.3　　　　　　农民工教育回报的迁移效应：处理效应模型估计

变量	Probit 模型	全部样本	外出农民工	本地农民工
Edu	− 0. 0101 *** (0. 0005)	0. 0222 *** (0. 0007)	0. 0227 *** (0. 0008)	0. 0141 *** (0. 0017)
Mig	—	− 0. 3593 *** (0. 0487)	—	—
Exp	− 0. 0015 *** (0. 0001)	0. 0133 *** (0. 0005)	0. 0125 *** (0. 0006)	0. 0139 *** (0. 0012)
Exp^2	—	− 0. 0004 *** (0. 0000)	− 0. 0003 *** (0. 0000)	− 0. 0004 *** (0. 0000)
Gender	0. 0125 *** (0. 0022)	0. 2164 *** (0. 0026)	0. 2146 *** (0. 0029)	0. 2370 *** (0. 0061)
Spouse	0. 0360 *** (0. 0033)	0. 1123 *** (0. 0035)	0. 1161 *** (0. 0039)	0. 1116 *** (0. 0083)
Intensity	—	0. 0014 *** (0. 0001)	0. 0014 *** (0. 0001)	0. 0015 *** (0. 0002)
Child_m	− 0. 0515 *** (0. 0024)	—	—	—
Old	0. 0089 *** (0. 0023)	—	—	—
lambda	—	0. 2436 *** (0. 0275)	0. 4895 *** (0. 0386)	0. 1144 *** (0. 0432)
常数项	—	8. 2903 *** (0. 0576)	7. 8944 *** (0. 0412)	7. 8721 *** (0. 1080)
Occupation	—	控制	控制	控制
Area	—	控制	控制	控制

续表

变量	Probit 模型	全部样本	外出农民工	本地农民工
样本观测数（人）	130517	130517	106219	24298
R^2	—	0.1921	0.1870	0.1934

注：***、**和*分别表示在1%、5%和10%统计水平上显著；标准误是由 bootstrap 产生的稳健性标准误；表中 Probit 模型报告的是边际效应。

由表4.3可知，在其他因素不变的情况下，农民工受教育年限每增加1年，外出务工的概率将下降1个百分点。其他解释变量也大多符合预期，工作经验和子女随迁降低了农民工外出务工的概率，老家中有60岁及以上老人增加了农民工外出务工的概率，男性农民工外出务工的概率高于女性，而婚姻状况对农民工迁移选择的影响并不显著。

其次，在不可观测的特征方面，风险函数 lambda 的回归系数为0.2436，并且在1%的统计水平下显著。风险函数的回归系数所表达的经济学含义是：农民工的收入会受到不可观测异质性因素的影响。一方面，lambda 的回归系数在1%的统计水平下显著，表明样本选择偏差是存在的，处理效应模型的结论更为可靠。另一方面，lambda 的回归系数为正，表明外出农民工是正向选择的，即外出农民工在不可观测的特征上占优，克服选择偏差后，外出农民工表面上的收入优势会转化为收入劣势（由表4.2的6.98%变为表4.3的−35.93%）。

在克服了不可观测的特征后，外出农民工教育回报率为2.27%，本地农民工教育回报率为1.41%，两者相差0.86个百分点。可见，在克服了选择偏差后，农民工迁移对其教育回报的影响效应依然存在，并且更为显著。外出农民工教育回报更高也进一步证明了农民工能够在大城市或生产能力更高的地区学到更多知识，从而加速了其人力资本积累（Marshall，1980；Glaeser and Mare，1994）。

第四节　农村劳动力迁移对学历教育
优化配置影响的异质性考察

一、迁移对不同教育程度农村劳动力学历教育配置的影响

使用受教育年限对农民工教育回报进行考察实际上隐含了一个假设,即各阶段教育的回报是相等的。然而,事实并非如此。德·布劳和罗泽尔(de Brauw and Rozelle, 2008)的研究认为,小学以上学历农民工的教育回报更高。以此为依据,可将农民工教育程度划分为小学及以下和初中及以上两类,对不同教育程度农民工教育回报的迁移效应做更为细致的考察。

实际上,教育程度中也包含着对个人能力的考量。随着学习年限的增加,学习成本也在不断提高,能力较高者具有较高的学习效率,能够支付得起获得不同文凭的成本。在效率优先的前提假设下,效率较高者受教育程度较高,效率较低者由于无法支付较高的学习成本而选择在不同的教育阶段退出。因此,也有必要对不同教育阶段农民工加以区分。模型的具体估计结果如表4.4所示。

在克服了不可观测的特征后,本书研究发现:对小学及以下学历农民工而言,外出农民工的教育回报率为2.16%,本地农民工的教育回报率为2.12%,两者相差甚微。而对初中及以上学历农民工来说,外出农民工的教育回报率为2.38%,本地农民工的教育回报率仅为1.21%,两者差距明显。这一结论表明,农民工教育回报的迁移效应存在一定的门槛值。对初中及以上学历的农民工而言,迁移对其教育回报提升的促进作用显著。然而,这一现象并未出现在小学及以下学历的农民工身上。也就是说,只有达到一定的教育程度,农民工才能通过迁移使其获得更高的教育回报。

表 4.4　农民工教育回报的迁移效应：区分教育阶段

变量	小学及以下		初中及以上		小学及以下农民工		初中及以上农民工	
	OLS	处理效应	OLS	处理效应	外出农民工	本地农民工	外出农民工	本地农民工
Edu	0.0179*** (0.0019)	0.0207*** (0.0020)	0.0238*** (0.0008)	0.0220*** (0.0009)	0.0216*** (0.0022)	0.0212*** (0.0022)	0.0238*** (0.0009)	0.0121*** (0.0019)
Mig	0.0491*** (0.0101)	-0.2850** (0.1296)	0.0725*** (0.0036)	-0.3307*** (0.0532)				
Exp	0.0120*** (0.0019)	0.0113*** (0.0019)	0.0209*** (0.0006)	0.0199*** (0.0006)	0.0130*** (0.0020)	0.0022 (0.0053)	0.0193*** (0.0007)	0.0194*** (0.0014)
Exp^2	-0.0003*** (0.0000)	-0.0003*** (0.0000)	-0.0005*** (0.0000)	-0.0005*** (0.0000)	-0.0003*** (0.0000)	-0.0001 (0.0001)	-0.0005*** (0.0000)	-0.0005*** (0.0000)
Gender	0.2116*** (0.0068)	0.2150*** (0.0068)	0.2121*** (0.0027)	0.2171*** (0.0028)	0.2109*** (0.0074)	0.2460*** (0.0182)	0.2157*** (0.0031)	0.2347*** (0.0065)
Spouse	0.0778*** (0.0111)	0.0833*** (0.0113)	0.0968*** (0.0037)	0.1021*** (0.0037)	0.0816*** (0.0123)	0.0991*** (0.0296)	0.1058*** (0.0042)	0.1017*** (0.0087)
Intensity	0.0020*** (0.0002)	0.0019*** (0.0002)	0.0020*** (0.0002)	0.0013*** (0.0001)	0.0019*** (0.0002)	0.0027*** (0.0005)	0.0013*** (0.0001)	0.0013*** (0.0002)
lambda	—	0.1855*** (0.0716)	—	0.2296*** (0.0302)	0.2230** (0.0973)	0.2277** (0.1159)	0.4822*** (0.0421)	0.0825* (0.0465)

续表

变量	小学及以下			初中及以上			小学及以下		初中及以上	
	OLS	处理效应	OLS	处理效应	外出农民工	本地农民工	外出农民工	本地农民工
常数项	8.3026 *** (0.1916)	8.6139 *** (0.2272)	7.7546 *** (0.0377)	8.1291 *** (0.0620)	8.3080 *** (0.2890)	8.6423 *** (0.2411)	7.7515 *** (0.0423)	7.7193 *** (0.1153)
Occupation	控制	控制	控制	控制	控制	控制	控制	控制
Area	控制	控制	控制	控制	控制	控制	控制	控制
样本观测数（人）	19605	19605	110912	110912	16703	2902	89516	21396
R²	0.1799	0.1802	0.1895	0.1900	0.1745	0.2123	0.1833	0.1917

注：***、** 和 * 分别表示在 1%、5% 和 10% 统计水平上显著；标准误是由 bootstrap 产生的稳健性标准误。

二、迁移对不同务工地区农村劳动力学历教育配置的影响

在之前的回归中，本书主要考察了迁移作为一项人力资本投资对农民工教育回报的影响，证明了迁移对农民工教育回报的影响效应。不仅如此，对于不同教育程度的农民工群体，迁移对其教育回报的影响也有所不同。正如本书第三章理论部分所指出的，由于市场环境和资源配置方式的差异性，不同的迁移选择可能带来不一样的教育回报。生产能力更高的地区可以加速劳动者的人力资本积累，因此，地区或城市间经济发展水平的差异也可能是农民工教育回报迁移效应异质性的重要来源。一方面，经济发展水平高的地区或城市会带来制造业劳动生产率和工资水平的提高；另一方面，人力资本的溢出效应在经济集聚程度高的地区也可能更强（袁志刚和高虹，2015）。那么，外出农民工获得较高的教育回报是否只是因为务工地的城市化和经济发展水平较高？

根据城市化水平及经济发展水平可将农民工务工地划分为两类。一类为大城市，包括一线城市、准一线城市和强二线城市①；另一类为中小城市，即排除大城市之外的其他城市。其中，大城市农民工 61074 人，占样本总数的 46.79%；中小城市农民工 69443 人，占样本总数的 53.21%。如果大城市的农民工，无论是外地农民工还是本地农民工，其教育回报率均高于中小城市的农民工，那么则可能得出农民工高教育回报是得益于务工城市经济发展水平的结论。因此，本部分将对不同城市、不同迁移选择下的农民工的教育回报情况作进一步的考察，模型估计结果如表 4.5 所示。

---

① 一线城市即国家认定的全球城市，包括：北京、上海、广州、深圳；准一线城市即国家认定的中心城市，包括：天津、重庆、沈阳、成都、武汉、南京、西安、杭州、青岛、郑州和厦门；强二线城市包括：大连、宁波、苏州、无锡、济南、佛山、东莞、福州、长沙、温州、泉州、合肥、太原、南宁、长春、哈尔滨、石家庄、昆明、贵阳和南昌，划分依据参考城市数据团、新一线城市研究室和第一财经周刊的相关研究。

表 4.5　农民工教育回报的迁移效应：区分务工地区

变量	大城市 OLS	大城市 处理效应	中小城市 OLS	中小城市 处理效应	大城市 外地农民工	大城市 本地农民工	中小城市 外地农民工	中小城市 本地农民工
Edu	0.0275 *** (0.0008)	0.0273 *** (0.0010)	0.0183 *** (0.0008)	0.0162 *** (0.0009)	0.0288 *** (0.0010)	0.0135 *** (0.0029)	0.0167 *** (0.0011)	0.0122 *** (0.0020)
Mig	0.0739 *** (0.0050)	-0.7694 *** (0.0725)	0.1022 *** (0.0039)	0.1676 *** (0.0645)				
Exp	0.0134 *** (0.0007)	0.0118 *** (0.0007)	0.0130 *** (0.0007)	0.0131 *** (0.0007)	0.0111 *** (0.0008)	0.0131 *** (0.0021)	0.0132 *** (0.0008)	0.0124 *** (0.0015)
Exp^2	-0.0003 *** (0.0000)	-0.0003 *** (0.0000)	-0.0003 *** (0.0000)	-0.0003 *** (0.0000)	-0.0003 *** (0.0000)	-0.0004 *** (0.0000)	-0.0003 *** (0.0000)	-0.0004 *** (0.0001)
$Gender$	0.2083 *** (0.0035)	0.2178 *** (0.0036)	0.2115 *** (0.0037)	0.2107 *** (0.0038)	0.2185 *** (0.0038)	0.2324 *** (0.0103)	0.2013 *** (0.0044)	0.2341 *** (0.0075)
$Spouse$	0.1190 *** (0.0047)	0.1296 *** (0.0048)	0.1069 *** (0.0050)	0.1062 *** (0.0050)	0.1373 *** (0.0052)	0.0980 *** (0.0134)	0.0956 *** (0.0059)	0.1346 *** (0.0102)
$Intensity$	0.0013 *** (0.0001)	0.0013 *** (0.0001)	0.0015 *** (0.0001)	0.0015 *** (0.0001)	0.0012 *** (0.0001)	0.0024 *** (0.0004)	0.0014 *** (0.0001)	0.0016 *** (0.0002)
$lambda$	—	0.4772 *** (0.0409)	—	-0.0371 (0.0365)	0.7399 *** (0.0520)	0.1629 * (0.0707)	-0.1687 *** (0.0571)	0.0882 * (0.0520)

续表

变量	大城市		中小城市		大城市		中小城市	
	OLS	处理效应	OLS	处理效应	外地农民工	本地农民工	外地农民工	本地农民工
常数项	7.8291 ***	8.5986 ***	7.7621 ***	7.7018 ***	7.7803 ***	8.0889 ***	7.9353 ***	7.8060 ***
	(0.0554)	(0.0862)	(0.0472)	(0.0757)	(0.0608)	(0.1771)	(0.0557)	(0.1303)
Occupation	控制	控制	控制	控制	控制	控制	控制	控制
样本观测数（人）	61074	61074	69443	69443	54090	6984	52129	17314
R²	0.1880	0.1899	0.1465	0.1465	0.1879	0.2088	0.1305	0.1664

注：***，** 和 * 分别表示在 1%、5% 和 10% 统计水平上显著；标准误是由 bootstrap 产生的稳健性标准误。

在克服了不可观测的特征后，大城市农民工的教育回报率为 2.73%，中小城市农民工的教育回报率为 1.62%，即大城市农民工整体的教育回报水平高于中小城市。但具体到城市内部，无论是大城市还是中小城市，外地农民工的教育回报率均高于本地农民工。具体而言，在其他因素不变的情况下，大城市外地农民工教育回报率为 2.88%，本地农民工教育回报率为 1.35%，两者相差 1.53 个百分点；中小城市外地农民工教育回报率为 1.67%，本地农民工教育回报率为 1.22%，两者相差 0.45 个百分点。可见，农民工能够获得较高的教育回报并非是仅仅得益于务工城市的经济发展水平，在剥离了城市层面的因素后，农民工教育回报的迁移效应依然存在。在大城市，农民工教育回报的迁移效应表现得更为显著。

第五节　本章小结

迁移对农民工教育回报的提升具有一定的促进作用。本章在前文理论机制探讨的基础上，进一步实证检验农民工迁移所带来的既有人力资本的优化配置效应，即迁移所带来的农民工教育回报的变化。研究发现：第一，农民工可以通过迁移优化其教育回报。与本地农民工相比，外出农民工虽然整体受教育程度低，但却获得了更高的教育回报。考虑了可能存在的"选择偏差"后，迁移对农民工教育回报的优化效应依然存在，且更为显著。第二，教育程度不同，迁移对农民工教育回报的优化效应有所不同。对小学及以下学历农民工而言，外出农民工的教育回报率与本地农民工相差甚微；而对初中及以上学历农民工来说，外出农民工的教育回报率显著高于本地农民工。可见，迁移对农民工教育回报的优化效应存在门槛值，只有达到一定的教育程度，农民工才能通过迁移获得更高的教育回报。第三，务工城市不同，迁移对农民工教育回报的优化效应有所不同。大城市农民工整体的教育回报水平高于中小城市，但具体到城市内部，无论是在大城市还是中小城市，外地农民工的教育回报率均高于本地农民工。即在剥离了城市层面的因素后，迁移对农民工教育回报的优化效应依然存在。在大城市，迁移对农民工教育回报的优化效应表现得更为显著。

合理的教育回报将是今后我国培养和建设高素质工人队伍的重要保证。然而，目前我国的教育回报整体偏低，农民工群体的教育回报更低。然而，本书研究表明，农民工流动性的增强有利于教育回报的提升。因此，城市应进一步放宽对农民工的限制，引导其合理有序流动，通过改善劳动力市场的供求状况，优化劳动力资源的空间配置，进而实现整个社会人力资本水平的提升。同时，政府应增加农民工群体的知识和技能培训，提升其人力资本水平以适应产业结构升级及经济发展方式转变，最大限度发挥其人力资本的潜力。此外，应提升农民工群体获得人力资本投资回报的预期，鼓励其在人力资本上进行更多的投资。

诚然，受数据可得性的限制，本书仅从短期层面探讨了迁移对农民工教育回报的影响。人力资本投资回报具有一定的迟效性，理论上，利用跨时期追踪调查数据能更为全面地反映迁移对农民工教育回报的长期影响。对此，还有待进一步研究。

第五章

农村劳动力迁移与自身人力资本投资：技能培训的增收效应

迁移不仅可以使农民工既有人力资本得到更有效地利用，还可以使农民工更加重视自身人力资本的投资。从整个国家来看，产业结构的升级与调整导致劳动力市场对农民工的需求从体力型逐渐向技术型转变，没有职业技能或职业技能水平较低的农民工难以符合城市发展需要，这使农民工不得不进行人力资本投资，以积累社会所需的人力资本。对农民工而言，劳动者之间工资薪酬、工作环境和工作稳定性的差距及其他具有相似人力资本的同行竞争也对农民工人力资本投资产生了正向激励作用，促使其不断增加专业知识和职业技能，以提高自身的竞争力（白菊红，2004）。技能培训作为一种更灵活、更实用、更具针对性的人力资本投资形式，在推动农民工人力资本提升及收入增长中发挥着重要作用。然而，政府培训、企业培训及社会培训的效果不同，那么，在提高农民工技能的过程中，如何为农民工创造一个良好的人力资本投资环境？如何更好地协调政府、企业与农民工之间的关系以实现培训效果的优化？基于上述疑问，本章在考虑样本选择偏差和内生性问题的基础上实证分析了农民工技能培训效果及其异质性。不仅如此，本章还对不同迁移选择农民工技能培训效果作了进一步考察。

第一节 研究基础

随着我国进入新发展阶段，共同富裕作为社会主义现代化的一个重要目标更加凸显。要实现共同富裕，推进城乡融合发展和新型城镇化战略，需要提高农民工群体的收入水平。然而，互联网、大数据和人工智能等新技术的应用使大多数农民工难以适应经济结构调整和产业转型升级的要求，尤其在经济下行压力较大的时期，农民工群体更是面临巨大的市场竞争风险，需要深入实施农民工职业技能提升计划，让农民工掌握更多安身立命的职业技能进而实现职业的稳定和收入的增加，已成为实现共同富裕的重要一环。

近几年，节后"招工难"现象逐渐成为劳动力市场"新常态"，与此同时，农民工"就业难"现象并存，农民工较低的文化水平和较差的专业技能使其无法适应当今社会的用工需要，导致劳动力市场供求不匹配的结构性矛盾日趋凸显，提升农民工人力资本水平变得尤为紧迫和必要（李实和杨修娜，2015）。根据人力资本理论，教育和培训是提升人力资本的两个重要途径，但对于农民工而言，"回炉"重新接受教育的机会成本过高，因此绝大多数农民工选择通过技能培训的方式积累所需的人力资本（Cai and Du，2011）。与教育相比，培训是一种更灵活、更实用的人力资本投资形式，更容易使农民工的知识和技能转化为现实生产力，从而更有效地提升其人力资本水平（武向荣，2009）。尽管国家相继出台一系列政策措施鼓励农民工参与技能培训，但成效并不显著。2016 年国家统计局《农民工监测调查报告》显示，接受过非农职业技能培训的农民工仅占 30.7%，总体比例偏低，这与我国全面建成小康社会的总体要求还存在较大差距，农民工职业技能培训仍需加强。

作为一项极具经济价值的人力资本投资，培训也是增加农民工收入的有效手段（李湘萍和郝克明，2007）。学术界大多数研究均表明培训可以对农民工收入提升产生正向促进作用（周其仁，1997；赵显洲，2012；赵海，2013；江金启等，2016），但这一结果往往因农民工参与培训类型的不同而存在较大差异（Bassi，1984；Green et al.，1996）。利拉德（Lillard，1992）、王德文等（2008）的研究证实，培训对农民工收入的影响因培训内容、培训时长及培训提供方而异。在培训内容上，一般的技能培训和知识培训等通用性培训很难促进农民工收入提升，但与工作相关的专用性技能培训和技能性、专业性较强的培训（如建筑装饰、电器维修、汽车维修等）则能够较为明显地提升农民工的收入水平（宁光杰和尹迪，2012；江金启等，2016）。在培训时长上，小于 15 天的简单培训对农民工收入的影响不大，而 15 ~ 90 天的短期培训和 90 天以上的正规培训对农民工收入提升具有显著的促进作用（王德文等，2008）。在各种机构提供的培训中，利拉德（Lillard，1992）的研究认为企业培训对收入增长的作用最明显且持续期最长，但张世伟和王广慧（2010）的研究表明政府提供的职前培训在促进农民工收入增加上比企业培训效果更为显著。翁杰（2012）的研究则指出政府培训并不能提升农民工技能状况和工资水平，个人培训才是更有效的方式。可见，目前针对不同培训提供方的研究尚未得到一致结论。

已有文献虽为本书认识和理解农民工技能培训问题提供了大量知识储备和真知灼见，但研究结果依然存在一定局限性。一是数据限制。目前针对全国范围内农民工技能培训及培训类型的微观调查数据并不多见，大多数数据仅对农民工是否参与当地政府提供的免费培训情况进行了考察，对企业培训及社会培训涉及甚少。而现有针对农民工参与不同类型培训的研究大多使用来自某个城市或者某个省份的局部调查数据，样本量较小且研究结论存在一定的区域特征，难以全面反映农民工参与各类培训的真实情况。二是内生性问题。是否参加技能培训是农民工自我选择的结果，参加技能培训农民工与未参加技能培训农民工的初始条件不完全相同，故存在样本"选择偏差"，而这正是内生性的主要来源。参与培训农民工和未参与培训农民工的收入差异来自两部分：一部分来自劳动者本身，是劳动者自身因素带来的效果；另一部分来自培训，是培训带来的效果。现有大多数研究并未将上述两种效果分离出来单独考察由培训带来的增收效果。三是培训类型异质性问题。劳动者参与不同类型培训对就业的影响不同，进而对收入的影响也不同，因此需对农民工参与培训的类型进行更为细致的异质性考察。

基于此，本章将基于全国范围问卷调查数据，量化分析农民工技能培训的增收效应，并进一步对农民工参与不同类型培训的增收效应进行异质性考察。由于农民工是否参与培训是"自选择"和"非随机"的行为，可能导致模型估计中存在内生性问题，对此，本章将在基本回归分析的基础上利用倾向评分匹配（propensity score matching，PSM）的方法探讨农民工技能培训效果的真实影响。

第二节　研究方法与数据来源

一、模型建立与变量设置

培训是农民工人力资本投资的主要形式，其收益率或回报率的多少是决定一个人是否进行培训投资的重要依据（Becker，1964；王迅，2008）。本章在传统 Mincer 方程中引入反映农民工是否参与技能培训的虚拟变量，对于可能出现的遗漏变量导致的内生性问题，将通过增加控制变量的方式予以缓解（李永友和文云飞，2016）。模型具体形式如下：

$$\ln wage_i = \alpha + \beta_j Training_{ij} + X_i'\gamma + \mu_i \qquad (5.1)$$

式中，$\ln wage_i$ 为农民工月收入的自然对数。$Training_{ij}$ 为技能培训的虚拟变量（$j=0$，1，2，3 分别对应农民工参与技能培训、参与企业培训、参与政府培训、参与社会培训的情况），若农民工接受过培训，则 $Training_{ij}=1$；若农民工未接受过培训，则 $Training_{ij}=0$。X_i 为控制变量向量，包括农民工迁移选择、教育年限、工作经验及平方、性别、婚姻状况、职业、行业和务工地区等。

二、估计方法——倾向评分匹配法

根据以往研究经验，技能培训会影响农民工的收入水平，但农民工是否参加培训并非随机事件，而是自选择或被选择的结果，因此可能出现选择性偏差问题。例如，参与培训的农民工与未参与培训的农民工在个人能力等方面存在差异，那么农民工获得的高收入就可能来自其个人能力而非接受培训，不仅如此，参与企业培训和政府培训通常要通过选拔，个人能力较强的农民工在获得培训机会方面更具优势，此时，收入方程中的培训变量就变成了一个内生解释变量，直接进行 OLS 回归可能得到有偏的估计结果。为此，本书将进一步利用倾向评分匹配的方法纠正样本选择偏差，以考察农民工技能培训对收入提升的真实效果。

倾向评分匹配法是通过倾向得分值（PS 值）找到与接受培训农民工尽可能相似的未接受培训的农民工进行匹配，以控制一些可观测的异质性因素并消除因非随机试验而导致的选择性偏误，有效减少由"自选择"问题带来的估计偏误（Wooldridge，2008）。根据倾向评分匹配法的原理，首先，采用 Logit 逐步回归的方式预测每个农民工参与技能培训的概率，即估计倾向得分值，并根据倾向得分值检验变量平衡条件。具体计算方法如下：

$$PS(X_i) = \Pr(Training_{ij} = 1 \mid X_i) = \frac{\exp(X_i\beta)}{1 + \exp(X_i\beta)} \tag{5.2}$$

式中，PS 为每个农民工参与技能培训的条件概率拟合值，$Training_{ij}$ 为干预变量，X_i 为经筛选所得的匹配变量，包括农民工迁移选择、教育年限、工作经验及平方、性别和婚姻状况，此外，本书还控制了农民工的职业、行业及工作地点。

其次，进行倾向评分匹配，消除匹配变量之间的显著性差异以便达到消除自选择偏误的目标。

最后，根据匹配后样本计算平均处理效应（ATT），即技能培训的增收效果。假定 $\ln wage_i^1$ 为参与技能培训农民工的收入情况，$\ln wage_i^1$ 为未参与技能培训农民工的收入情况，则参与技能培训对农民工收入影响的平均处理效应可表示为：

$$ATT = E(\ln wage_i^1 \mid Training_{ij} = 1) - E(\ln wage_i^0 \mid Training_{ij} = 1)$$

$$= E(\ln wage_i^1 - \ln wage_i^0 \mid Training_{ij} = 1) \tag{5.3}$$

倾向评分匹配方法主要有最近邻匹配、半径匹配和核匹配三种。最近邻匹配和半径匹配在进行匹配时仅使用部分样本，并未充分利用样本信息，而核匹配则可有效避免这一问题（朱建军和胡继连，2015），故本书主要采用核匹配法进行匹配。为保证估计结果的稳健性，本书同时采用最近邻匹配和半径匹配的方法进行稳健性检验。在对平均处理效应进行统计推断时，为克服潜在的小样本偏误对研究结论的影响，采用 bootstrap 获得相关统计量的标准误（Efron and Tibshirani，1993）。与 OLS 估计相比，PSM 估计更接近自然试验，其结果也更具可靠性和说服力（Rosenbaum and Rubin，1983）。

三、数据来源与变量选取

(一) 数据来源

本章所用数据来自上海财经大学"农民工流动情况与影响因素综合调查"课题组于 2013 年组织的"外出务工人员流动情况与影响因素综合调查"。该调查涵盖我国 31 个省份 (不包含我国港澳台地区),采取多阶段分层抽样与随机抽样相结合的方式,样本具有较好的代表性。在调查过程中,调研员通过与农民工面对面访谈并填写调查问卷的方式收集数据,共回收问卷 5020 份,其中有效问卷 4116 份。本章选取劳动年龄(男性 16~60 周岁,女性 16~55 周岁)且具有一定工资收入的农民工作为研究对象,在删除关键变量缺失的样本后,得到最终研究样本 3138 个。其中,参与过技能培训的样本 1552 个,占 49.46%;未参与过技能培训的样本 1586 个,占 50.54%。进一步地,参加过企业培训、政府培训以及个人自费参加社会培训的样本分别为 755 个、249 个和 548 个,占培训农民工总数的 48.65%、16.04% 和 35.31%。

(二) 变量选取

1. 农民工技能培训情况

图 5.1 为不同行业、职业和地区农民工参与技能培训的情况。基于调查问卷,本书将行业分为制造业、建筑业、服务业三类;将职业分为服务人员、生产线工人、技术工人、建筑工人、专业技术人员(其中也包括少量管理人员、财务人员、文秘及研发人员)五类;将务工地区分为东部地区、中部地区和西部地区。就行业而言,制造业农民工参与培训的比例最高,其次是服务及运输业,建筑业农民工参与培训的比例最低。在参与培训的农民工中,制造业农民工参与企业培训的比例更高,达到 72%,建筑业、服务业农民工

自费参与培训的比例更高。就职业而言，参与培训比例最高的是专业技术人员和技术工人，分别占69%和60%，可见，对技术水平要求更高的职业，农民工参与培训的比例也更高。在各类职业中，建筑工人参与技能培训的比例最低，仅为38%。在对不同类型培训的选择上，专业技术人员、技术工人和生产线工人参与企业培训的比例更高，服务人员和建筑工人自费参与培训的比例更高。就地区而言，东部地区农民工参与培训的比例略高于中、西部地区，但东部地区一半以上的农民工参与的是企业培训，而西部地区农民工在各类培训的参与上比较均衡。上述分析表明，农民工参与培训以及参与何种类型培训受其所在行业、职业和地区的影响，在具体分析过程中需控制以上因素。

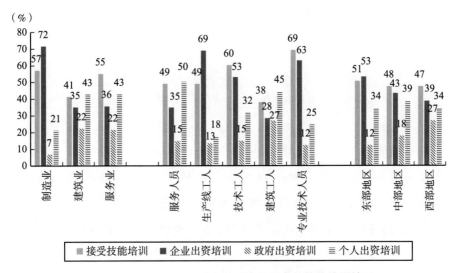

图5.1 不同行业、职业和地区农民工参与技能培训情况

2. 变量选取

培训的增收效应与劳动力市场的结构特征有关（Gawley，2003），不同市场环境下，资源配置的效率不同，农民工培训的增收效应也有所不同。农民工面临怎样的劳动力市场取决于其迁移选择，也就是说，农民工的迁移选择

可能会影响其参与培训的增收效果。大部分研究认为农民工跨省迁移是更深程度的转移方式，对农民工技能提升、收入增加和劳动力优化配置具有重要意义（Wu and Yao，2003；黄宁阳和龚梦，2010；郭力等，2011）。因此，在迁移选择上，本书将农民工跨省迁移取值为 1，省内迁移取值为 0。农民工的受教育年限是其实际接受教育的年数。农民工潜在的工作经验由年龄和受教育年限计算可得，即工作经验 = 年龄 − 受教育年限 − 6。除上述变量外，本书还在收入方程中控制了农民工的职业、行业和地区因素。方程中使用的收入为农民工的月收入。

第三节　农村劳动力迁移对技能培训增收效应影响的实证结果分析

一、参与不同类型培训农村劳动力的个人特征比较分析

样本数据中，参与过技能培训的农民工 1552 人，占 49.46%；未参与过技能培训的农民工 1586 人，占 50.54%。其中，参加企业培训、政府培训以及个人自费参加社会培训的农民工分别占培训农民工总数的 48.65%、16.04% 和 35.31%。表 5.1 给出了参与不同类型培训农民工的个人特征情况。

表 5.1　　　　参与不同类型培训农民工的个人特征情况

变量定义及赋值	全部样本	接受过培训				未接受过任何培训
		总体	企业培训	政府培训	社会培训	
迁移选择（1 = 跨省迁移，0 = 省内迁移）	0.66 (0.47)	0.68 (0.46)	0.67 (0.46)	0.65 (0.47)	0.70 (0.45)	0.65 (0.47)

续表

变量定义及赋值	全部样本	接受过培训				未接受过任何培训
		总体	企业培训	政府培训	社会培训	
教育年限（年）	9.36 (3.20)	10.01 (3.14)	10.51 (3.47)	9.17 (2.39)	9.70 (2.83)	8.71 (3.13)
工作经验（年）	18.91 (11.04)	17.08 (10.23)	15.26 (10.54)	20.10 (9.31)	18.23 (9.72)	20.70 (11.51)
性别 (1＝男，0＝女)	0.70 (0.45)	0.72 (0.44)	0.67 (0.46)	0.77 (0.42)	0.76 (0.42)	0.68 (0.46)
婚姻状况 (1＝已婚，0＝其他)	0.72 (0.44)	0.72 (0.45)	0.66 (0.47)	0.78 (0.41)	0.77 (0.42)	0.73 (0.44)
月收入（元）	3603.23 (1584.52)	3893.73 (1686.61)	3786.80 (1598.17)	3932.09 (1621.25)	4023.63 (1822.13)	3318.95 (1421.98)
样本观测数（人）	3138	1552	755	249	548	1586

注：表中数据为样本均值，括号内数据为标准差。

由表5.1可知，跨省迁移农民工约占样本总数的66%左右，接受过技能培训的农民工跨省迁移的比例更高。进一步地，在各类型培训中，个人自费参与社会培训项目跨省迁移农民工的比例最高。农民工整体的平均受教育年限约为9.36年，教育程度以初中为主。接受过培训的农民工平均受教育年限约为10.01年，高于未接受过任何培训的农民工。在各类培训中，接受企业培训的农民工平均受教育年限最高，达到10.51年，接受政府培训的农民工平均受教育年限最低，为9.17年。农民工平均工作经验约为18.91年，相比接受过培训的农民工，未接受过任何培训的农民工工作经验更为丰富，达到20.70年。同时，样本中男性比例更高，已婚比例更高。

二、农村劳动力迁移与技能培训的增收效应：OLS 估计

在不考虑培训内生性的情况下，本书直接用 OLS 估计了农民工的收入方

程，如表 5.2 所示。估计结果显示，在控制了其他因素不变的情况下，参与过技能培训农民工的收入显著高于未参与培训的农民工，即参与技能培训使农民工在收入方面具备明显优势，增收效应显著。进一步地，农民工自费参与培训的增收效应最为明显，比未自费参与培训者收入高出 9.48%（$e^{0.0906}$ − 1 ≈ 9.48%），其次是企业培训，增收效应为 5.28%，政府培训对农民工收入提升的效果并不十分显著。上述分析表明，农民工技能培训的增收效应的确存在，相比参与企业培训，农民工自费参与的社会培训增收效应更为显著，政府培训的增收效果并不十分理想。

表 5.2   农民工技能培训的增收效应：OLS 估计

变量	总体	企业培训	政府培训	社会培训
培训参与	0.0905 *** (0.0138)	0.0515 *** (0.0161)	0.0458 * (0.0247)	0.0906 *** (0.0194)
迁移选择	0.0962 *** (0.0218)	0.1015 *** (0.0221)	0.0989 *** (0.0222)	0.1016 *** (0.0221)
教育年限	0.0124 *** (0.0032)	0.0136 *** (0.0032)	0.0141 *** (0.0032)	0.0137 *** (0.0032)
工作经验	0.0146 *** (0.0029)	0.0155 *** (0.0029)	0.0148 *** (0.0030)	0.0147 *** (0.0030)
工作经验平方	− 0.0004 *** (0.0001)	− 0.0004 *** (0.0001)	− 0.0004 *** (0.0001)	− 0.0004 *** (0.0001)
性别	0.1398 *** (0.0160)	0.1468 *** (0.0161)	0.1462 *** (0.0161)	0.1431 *** (0.0161)
婚姻状况	0.0614 *** (0.0203)	0.0653 *** (0.0204)	0.0672 *** (0.0204)	0.0639 *** (0.0204)
职业	控制	控制	控制	控制
行业	控制	控制	控制	控制
务工地区	控制	控制	控制	控制

续表

变量	总体	企业培训	政府培训	社会培训
常数项	7.5604 *** (0.0889)	7.5481 *** (0.0902)	7.5554 *** (0.0904)	7.5490 *** (0.0899)
R^2	0.2355	0.2268	0.2258	0.2291
样本观测数（人）	3138	3138	3138	3138

注：***、** 和 * 分别表示在 1%、5% 和 10% 统计水平上显著；括号内为稳健标准误。

三、农村劳动力参与技能培训的真实效果：PSM 估计

为进一步论证农民工参与技能培训的真实效果，本书运用 PSM 方法对培训变量进行估计。具体步骤如下：第一步，预测每个农民工参与技能培训的概率（即倾向得分值）；第二步，根据倾向得分值对匹配变量进行平衡性检验；第三步，对农民工技能培训的增收效果进行评价；第四步，探讨不同迁移选择下农民工参与技能培训的增收效应。

（一）农民工参与技能培训的概率

由表 5.3 可知，迁移选择、教育年限、工作经验、性别和婚姻状况等变量均显著影响农民工的培训参与，跨省迁移、教育程度高、男性、已婚的农民工参与技能培训的概率更高，工作经验对培训参与的影响呈倒 U 形。相比省内农民工，跨省迁移农民工通常会面临更高的进入成本和进入门槛，面对的劳动力市场分割和歧视程度也相对更高，因此跨省迁移农民工对技能培训的需求可能更强烈，参与培训的比例更高。文化程度更高的农民工接受新事物的能力更强，视野也更为开阔，更能充分认识到培训的重要性，因此其参与培训的概率更大。

表 5.3   **预测倾向值的 Logit 估计结果**

变量	总体	企业培训	政府培训	社会培训
迁移选择	0.2814 ** (0.1210)	0.0334 (0.1389)	0.7335 *** (0.2022)	− 0.0280 (0.1563)
教育年限	0.0920 *** (0.0169)	0.0676 *** (0.0192)	0.0150 (0.0308)	0.0531 ** (0.0216)
工作经验	0.0361 ** (0.0171)	− 0.0336 * (0.0196)	0.1403 *** (0.0339)	0.0646 *** (0.0236)
工作经验平方	− 0.0012 *** (0.0004)	0.0004 (0.0004)	− 0.0033 *** (0.0008)	− 0.0017 *** (0.0005)
性别	0.3578 *** (0.0907)	0.0447 (0.1037)	0.3296 * (0.1762)	0.4239 *** (0.1231)
婚姻状况	0.2494 ** (0.1135)	0.1628 (0.1310)	− 0.1349 (0.2029)	0.2761 * (0.1495)
职业	控制	控制	控制	控制
行业	控制	控制	控制	控制
务工地区	控制	控制	控制	控制
常数项	− 2.9416 *** (0.4706)	− 2.8268 *** (0.6019)	− 6.3014 *** (0.9905)	− 3.0695 *** (0.5851)
R^2	0.0888	0.1186	0.1080	0.0821
样本观测数（人）	3138	3138	3138	3138

注：表中报告的是边际效应；***、** 和 * 分别表示在 1%、5% 和 10% 统计水平上显著；括号内为稳健标准误。

进一步地，对农民工参与企业培训、政府培训和社会培训的概率分别进行估计后发现，农民工教育程度对其参与企业培训的影响最为显著，而对其参与政府培训的影响并不显著，这在一定程度上表明农民工培训可能存在选择偏差，文化水平或个人能力较高的农民工才有机会被选择参与企业培训，而政府培训更多是能力较弱的群体参加。农民工在工作初期，技能较为缺乏，对培训的需求也更强烈，随着工作经验的丰富，农民工对自身技能的信任度随之增加，这导致其参加技能培训的概率降低。随着农民工工作经验的增加，其年龄也在增长，对新事物、新知识、新技术的接受能力也会下降。考虑到技能要求较高的工作、技术进步较快的行业及社会经济发展水平较高的地区对农民工培训需求也更高，本书研究控制了农民工的职业、行业和务工地区。

（二）样本的匹配效果

为了更直观地说明样本的匹配效果，本书以培训参与的核匹配为例，利用概率密度分布图进行分析。由图 5.2 可知，匹配前，参与培训农民工与未参与培训农民工倾向得分值的概率分布存在较为明显的差异。如果直接对两组样本进行有效性比较，将会得到有偏的估计结果。匹配后，参与培训农民工与未参与培训农民工倾向得分值在概率上的分布已经非常接近，表明参与培训农民工与未参与培训农民工的特征在各方面取得了较好的匹配效果。然而，倾向得分值的概率分布比较只能进行初步判断，为确保估计结果的可靠性，需对匹配变量进行平衡性检验。

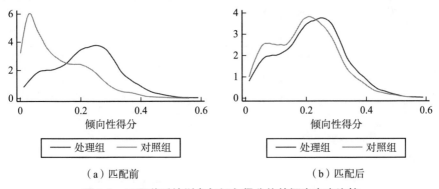

图 5.2　匹配前后培训参与倾向得分值的概率密度比较

表 5.4 和表 5.5 为匹配前后培训参与的平衡性检验结果。其中，表 5.4

的第 3、第 4 列分别为培训组和未培训组配比前后的样本均值，第 5 列为匹配前后的标准偏误，第 6 列为匹配后各变量标准偏误绝对值减少的百分比，第 7、第 8 列分别为每个个体特征变量的双 t 分布检验所对应的 t 值和 p 值；表 5.5 给出了匹配前后的拟 R^2 和联合显著性。通过对变量误差消减情况进行比较，本书研究发现：一方面，从单个变量来看，各变量标准化后偏差绝对值均小于 5%，同时，匹配前，除婚姻状况外，参与培训农民工和未参与培训农民工在其他个体特征上均存在显著差异，而匹配完成后，各变量均不存在显著差异（见表 5.4）。另一方面，从模型整体上来看，各变量已经无法预测谁接受过培训以及谁未接受过培训（见表 5.5）。上述结果均表明本书的研究数据通过了平衡性检验，样本匹配效果较好。

表 5.4　　　　　　　　平衡性条件的检验结果：分样本分析

变量	样本	变量均值		标准偏误	标准偏误绝对值减少百分比	T 检验	
		培训组	未培训组			t 值	p 值
迁移选择	匹配前	0.6830	0.6475	7.5	0.9	2.18	0.029
	匹配后	0.6830	0.6897	−1.4		−0.43	0.664
教育年限	匹配前	9.9459	8.7125	39.4	6.5	11.41	0.000
	匹配后	9.9459	9.9893	−1.4		−0.41	0.682
工作经验	匹配前	17.274	20.703	−31.3	6.7	−9.09	0.000
	匹配后	17.274	17.159	1.0		0.33	0.743
工作经验平方	匹配前	405.45	561.09	−34.0	9.7	−9.90	0.000
	匹配后	405.45	405.03	0.1		0.03	0.975
性别	匹配前	0.7129	0.6847	6.1	3.0	1.78	0.075
	匹配后	0.7129	0.7024	2.3		0.68	0.495
婚姻状况	匹配前	0.7024	0.7295	−3.0	3.1	−0.85	0.394
	匹配后	0.7024	0.6974	4.2		1.24	0.217

注：表中报告的是农民工培训参与核匹配对应的检验结果，数据同样通过了其他匹配方法的检验，但限于篇幅，对应的检验结果并未在文中列出。

表 5.5　　　　　　　平衡性条件的检验结果：整体分析

类别	Pseudo R^2	LR chi^2	p > chi^2
匹配前	0.090	197.21	0.000
匹配后	0.001	1.87	0.867

注：表中报告的是农民工培训参与核匹配对应的检验结果，数据同样通过了其他匹配方法的检验，但限于篇幅，对应的检验结果并未在文中列出。

（三）农民工技能培训的增收效应（ATT）

为使研究更具说服力，本书在估计技能培训的平均处理效应时，分别采用核匹配、最近邻匹配和半径匹配三种估计方法，具体估计结果如表 5.6 所示。结果显示，农民工参与技能培训的确具有增收效应。在控制了其他因素不变的条件下，参与技能培训的农民工比未参与技能培训的农民工收入高出 8.39%（$e^{0.0806} - 1 \approx 8.39\%$）。然而，农民工技能培训的增收效应仅体现在其接受企业培训和社会培训上，农民工参与政府培训的增收效果并不显著。进一步地，农民工参加企业培训的增收效应为 5.98%，农民工自费参加培训的增收效应为 10.10%，可见，相比参加企业培训，农民工自费参加培训的增收效应更为显著。不仅如此，采用不同匹配方法，最终得到的研究结论基本一致，也表明本书的研究结果具有一定的稳健性。

表 5.6　　　　　　　农民工培训增收效应的 ATT 估计结果

样本	核匹配			最近邻匹配			半径匹配		
	ATT	标准误	T 检验	ATT	标准误	T 检验	ATT	标准误	T 检验
总体	0.0806	0.0174	4.61 ***	0.0797	0.0207	3.83 ***	0.0841	0.0251	3.35 ***
企业培训	0.0581	0.0177	3.28 ***	0.0534	0.0217	2.47 **	0.0553	0.0252	2.19 **
政府培训	0.0665	0.0379	1.57	0.0651	0.0447	1.46	0.0547	0.0461	1.19
社会培训	0.0962	0.0220	4.37 ***	0.1351	0.0265	5.09 ***	0.0784	0.0282	2.78 ***

注：ATT 标准误计算使用了 bootstrap 抽样，次数为 500 次。

第四节　农村劳动力迁移对技能培训
增收效应影响的异质性考察

一、农村劳动力技能培训增收效应的迁移异质性：全样本

已有研究表明，培训的增收效应与劳动力市场的结构特征有关（Gawley，2003），不同市场环境下，资源配置的效率不同，农民工培训的增收效应也有所不同。农民工面临怎样的劳动力市场取决于其迁移选择，也就是说，农民工的迁移选择可能会影响其参与培训的增收效果。大部分研究认为农民工跨地区迁移是更深程度的转移方式，对农民工技能提升、收入增加和劳动力优化配置具有重要意义（Wu and Yao，2003；黄宁阳和龚梦，2010；郭力等，2011）。然而，相比本地迁移，农民工跨地区迁移要面临更高的进入成本和进入门槛，面临的劳动力市场分割和歧视程度也相对更高。因此，跨地区迁移的农民工对技能培训的需求可能更强，培训时也会更投入，故培训带来的增收效应也会更理想。为此，本书将样本分为跨地区迁移农民工和本地迁移农民工两类，考察不同迁移选择下农民工参与技能培训的增收效应是否存在差异，如表 5.7 所示。

表 5.7　　　农民工技能培训增收效应的迁移异质性考察：全样本

变量	跨地区迁移农民工	本地农民工
培训参与	0. 1056 *** (0. 0168)	0. 0666 ** (0. 0272)

续表

变量	跨地区迁移农民工	本地农民工
教育年限	0.0158 *** (0.0041)	0.0136 ** (0.0054)
工作经验	0.0196 *** (0.0031)	0.0260 *** (0.0043)
工作经验平方	− 0.0004 *** (0.0001)	− 0.0006 *** (0.0001)
职业	控制	控制
行业	控制	控制
地区	控制	控制
常数项	7. 6687 *** (0.0941)	8. 3257 *** (0.1083)
R^2	0.1927	0.2750
样本观测数（人）	2018	1005

注：*** 、** 和 * 分别表示在1%、5%和10%统计水平上显著；括号内为稳健标准误。

　　总的来看，在控制了其他因素不变的情况下，跨地区迁移农民工参与技能培训的增收效应远优于本地迁移农民工。具体而言，跨地区迁移农民工参与技能培训可使其收入提升 11. 14%（$e^{0.1056} - 1 \approx 11.14\%$），本地迁移农民工参与技能培训可使其收入提升 6. 89%（$e^{0.0666} - 1 \approx 6.89\%$），可见，农民工跨地区迁移对其收入增加具有重要作用。

二、农村劳动力技能培训增收效应的迁移异质性：区分培训类型

　　不同迁移选择下，农民工参与不同类型培训同样具有异质性，具体结果如表 5.8 所示。对跨地区迁移农民工而言，个人自费参与社会培训的增收效应最为显著，可使收入提升约 12. 11%，企业培训的增收效应次之，可使收

入提升约 4.23%，政府培训增收效果则不显著。对本地迁移农民工而言，参与企业培训可使收入提升约 7.86%，个人自费参与的社会培训和政府培训的增收效应均不显著。可见，无论是跨地区迁移农民工还是省内迁移农民工，政府培训对收入增加均无明显效果。

表5.8　　农民工技能培训增收效应的迁移异质性考察：区分培训类型

变量	跨地区迁移农民工			本地农民工		
	(1)	(2)	(3)	(4)	(5)	(6)
企业培训	0.0414 ** (0.0188)	—	—	0.0757 ** (0.0312)	—	—
政府培训	—	0.0143 (0.0386)	—	—	0.0455 (0.0728)	—
社会培训	—	—	0.1143 *** (0.0236)	—	—	0.0078 (0.0358)
教育年限	0.0179 *** (0.0041)	0.0185 *** (0.0041)	0.0175 *** (0.0041)	0.0142 *** (0.0054)	0.0145 *** (0.0054)	0.0146 *** (0.0054)
工作经验	0.0211 *** (0.0031)	0.0210 *** (0.0031)	0.0200 *** (0.0031)	0.0271 *** (0.0044)	0.0262 *** (0.0043)	0.0262 *** (0.0044)
工作经验平方	−0.0005 *** (0.0001)	−0.0005 *** (0.0001)	−0.0004 *** (0.0001)	−0.0006 *** (0.0001)	−0.0006 *** (0.0001)	−0.0006 *** (0.0001)
职业	控制	控制	控制	控制	控制	控制
行业	控制	控制	控制	控制	控制	控制
地区	控制	控制	控制	控制	控制	控制
常数项	7.6542 *** (0.0963)	7.6483 *** (0.0965)	7.6530 *** (0.0950)	8.3116 *** (0.1092)	8.3591 *** (0.1066)	8.3601 *** (0.1071)
R^2	0.1784	0.1766	0.1884	0.2747	0.2711	0.2707
样本观测数 （人）	2018	2018	2018	1005	1005	1005

注：***、**和*分别表示在1%、5%和10%统计水平上显著；括号内为稳健标准误。

三、农村劳动力技能培训增收效应迁移异质性的 ATT 估计

在上述研究的基础上，本书进一步运用 PSM 方法考察了不同迁移选择下农民工参与技能培训的增收效应，具体结果如表 5.9 所示。整体上看，农民工技能培训的增收效应具有迁移异质性。在控制了其他因素不变的情况下，跨地区迁移农民工参与技能培训的增收效应为 13.26%，本地迁移农民工参与技能培训的增收效应仅为 7.20%，跨地区迁移农民工参与技能培训的增收效果显著好于本地迁移农民工。然而，不同类型培训在不同迁移选择下的增收效应又不尽相同。对跨地区迁移农民工而言，参与企业培训和个人自费参与社会培训均能使其收入得到有效提升，增收效应分别为 4.31% 和 12.94%，个人自费参与社会培训增收效应优于企业培训。对于省内迁移农民工而言，仅参与企业培训就能获得增收效应，增收效应为 9.37%。政府培训对两类农民工均无显著的增收效应。采用不同匹配方法得到的研究结论基本一致，表明本书的研究结果具有一定的稳健性。

表 5.9　　　　农民工技能培训增收效应迁移异质性的 ATT 估计结果

匹配方式	样本	跨地区迁移农民工			本地农民工		
		ATT	标准误	T 检验	ATT	标准误	T 检验
核匹配	总体	0.1245	0.0193	6.42 ***	0.0695	0.0326	2.13 **
	企业培训	0.0422	0.0200	2.10 **	0.0896	0.0357	2.50 **
	政府培训	0.0444	0.0442	1.00	0.0299	0.0793	0.38
	社会培训	0.1217	0.0248	4.90 ***	0.0041	0.0428	0.10
最近邻匹配	总体	0.1392	0.0231	6.03 ***	0.0817	0.0389	2.10 **
	企业培训	0.0465	0.0246	1.89 *	0.0663	0.0452	1.47
	政府培训	0.0233	0.0534	0.44	0.0735	0.0959	0.77
	社会培训	0.1298	0.0302	4.29 ***	0.0209	0.0514	0.41

续表

匹配方式	样本	跨地区迁移农民工			本地农民工		
		ATT	标准误	T 检验	ATT	标准误	T 检验
半径匹配	总体	0.0761	0.0261	2.92***	0.0714	0.0523	1.94*
	企业培训	0.0163	0.0298	0.55	0.0317	0.0700	0.45
	政府培训	0.0257	0.0612	0.42	0.1079	0.1217	0.89
	社会培训	0.1374	0.0339	4.04***	0.0809	0.0689	1.17

注：ATT 标准误计算使用了 bootstrap 抽样，次数为 500 次。***、** 和 * 分别表示在 1%、5% 和 10% 统计水平上显著。

第五节　进一步讨论：政府培训失效
——需求不足抑或供给错配？

一、需求侧

本书对调查问卷中与技能培训相关的问题进行分析（见图 5.3），结果发现：当农民工被问及"您认为获得高收入最主要靠什么"时，44.37% 的农民工认为是技术，其次是经验，占 22.49%，再次是学历，占 10.00%；当被问到"如果有机会接受教育培训，最希望补充哪方面知识"时，68.22% 的农民工选择了职业技术培训，4.77% 的农民工选择了农业技术培训，希望接受技术培训的农民工占想要接受培训农民工总量的 72.99%。上述结果充分表明，绝大多数农民工已经认识到技术、经验和学历等人力资本因素对收入提升的重要作用，并且对技术培训具有强烈的需求。

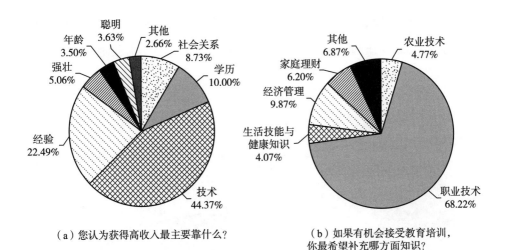

（a）您认为获得高收入最主要靠什么？　　（b）如果有机会接受教育培训，
你最希望补充哪方面知识？

图5.3　农民工培训需求情况

二、供给侧

在供给规模上，样本中实际接受过技能培训的农民工仅占49.46%，与72.99%的培训需求相去甚远。接受过政府培训的农民工更是仅占参培农民工总数的16.04%，占样本总数的7.93%。农民工拥有较高的参与培训的需求，但实际参与培训的比例很低，表明当前农民工培训供给总量不足。实际上，农民工培训供需失衡的现象除了体现在供给规模上，还体现在供给结构上。本书进一步研究发现，目前政府部门为农民工群体提供的培训大多是供给导向的就业服务培训，此类培训内容较为单一，培训时间也较短，仅可提供一些普适性的技能，而农民工希望获得的是针对性强的专用性技能，可见，培训供给与农民工的利益诉求匹配程度不高，并且培训要素的"供非所需"是培训供需结构失衡的主要体现。

除此之外，农民工还面临培训信息缺乏的问题。调查问卷显示，超过52%的农民工不知道打工地可以提供就业培训服务及相应的补贴（见图5.4）。一方面，可能是农民工自身在搜寻信息方面不具备优势，导致其无法充分获得务工地政府提供的就业培训及补贴方面的信息。另一方面，也可能是务工地政府对农民工培训信息的推广力度不足。农民工无法及时有效地获取培训信息也降低了其参与培训的概率。

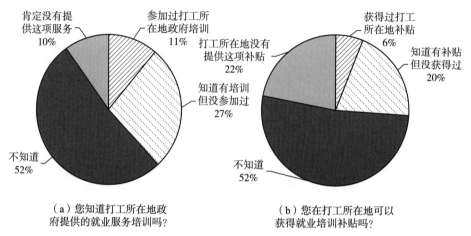

（a）您知道打工所在地政府提供的就业服务培训吗？

（b）您在打工所在地可以获得就业培训补贴吗？

图5.4　政府的培训供给情况

第六节　本　章　小　结

培训作为一种更灵活、更实用的人力资本投资形式，逐渐为人们所重视。本书利用上海财经大学2013年进行的"外出务工人员流动情况与影响因素综合调查"数据，在考虑样本选择偏差和内生性问题的基础上，采用倾向评分匹配法分析了农民工技能培训的增收效应。通过研究发现：农民工技能培训存在增收效应，但增收效应因培训类型而异。农民工个人自费参与的社会培训增收效应最为显著，企业培训增收效应次之，政府培训的增收作用则不理想。本书认为：社会培训和企业培训对农民工收入增加效果显著是因为两类培训的专业性和针对性更强，尤其是个人自费参与的社会培训，是农民工按照自身所需来进行选择的培训，对其形成专用性人力资本的作用更大，而专用性人力资本在特定工作岗位上通常能获得更高的回报。供需规模及供需结构失衡则是造成政府培训增收效果不理想的重要原因。政府培训更接近于就业前的引导性培训，虽然能提供一些必要的基本技能，但缺乏实际应用价值，农民工通过培训获得的技能与劳动力市场需求脱节，因此在改善个人收入和就业状况上很难产生效果。

从研究中我们得到如下启示：农民工技能培训应以劳动力市场需求为导向，在培训的需求侧，应鼓励农民工自费参加一些专业性和针对性较强的社会培训，以快速适应劳动力市场的技能需求；在培训的供给侧，应鼓励培训机构设置与农民工技能培训需求高度匹配的专用性技能培训，充分考虑农民工的主体需求，同时鼓励企业对各技能层次的农民工进行差异化培训，促进培训机会均等化。政府的角色则可以由培训提供者转变为培训出资者、支持者和监管者，对农民工自费培训给予一定的资金补贴，对培训机构和企业给予相应的政策支持并定期进行科学评估及有效监管，以不断改进培训供给模式，充分发挥技能培训在农民工收入增长中的重要作用。从长期来看，以提升农民工人力资本为目标的技能培训应继续坚持，不仅对农民工收入提升具有重要作用，也对我国形成新的人口红利、实现经济持续增长具有积极意义。

诚然，受数据可得性所限，本书仅从短期层面探讨了农民工技能培训的增收效应。人力资本投资回报具有一定的迟效性，理论上利用跨时期追踪调查数据能更为全面地反映培训对农民工增收的长期影响。对此，还有待进一步研究。

第六章

农村劳动力迁移与家庭人力资本投资：
子女教育的投资效应*

农村劳动力在进入城市以后，会面临强大的竞争和危机感。尤其是那些文化素质相对较低的农村劳动力，当他们发现更多的机会倾向于受教育程度高的劳动者时，他们的教育观念和意念也会发生变化，使其更加重视人力资本投资。对于已婚已育的农村劳动力而言，其人力资本投资不仅体现在对自身的培训投资上，还体现在对子女的教育投资上。从迁移层面来看，已婚已育农村劳动力的迁移决策也不是一个人的决策，还包括子女是否随迁的问题，是家庭层面的迁移决策。那么，农村劳动力家庭迁移决策受哪些因素的影

---

* 本章部分内容已发表于《复旦教育论坛》2017 年第 2 期。

响和制约？他们对子女的人力资本投资是否会受到其家庭迁移选择的影响？基于上述问题，本章将考察影响农村劳动力家庭迁移决策的因素以及农村劳动力家庭迁移决策对子女教育投资的影响。

第一节 研究基础

农村剩余劳动力大规模迁入城市，随之而来的是其子女的教育问题。目前，我国约有 6000 万的农村留守儿童，亲情的缺失和可利用资源的匮乏使这些留守儿童长期处于不利的情势之下，从而对其学习、健康、心理、行为等方面产生了较大的负面影响（胡枫和李善同，2009；谭深，2011），不仅如此，近年来发生的多起留守儿童意外身亡事故更是引起社会各界的广泛关注和深刻反思，农村劳动力是否携子女举家迁移成为农村家庭需要面对的重要问题。

子女随迁接受教育可以有效解决亲子长期分离造成的情感缺失、监护缺位等问题，同时，农村相对落后教育环境的推力和城市相对优质教育资源的拉力也为农村劳动力子女迁入城市就学提供了较高的激励。但农村劳动力是否将子女迁入务工城市就学受多方面因素的影响和制约。一是制度约束。在城市过高的"教育门槛"为农村外出劳动力子女随迁就学带来了巨大的阻碍，城市教育资源的稀缺性和有限性也使随迁子女无法享有与户籍儿童平等的受教育机会及优质适宜的教育环境，子女随迁就学面临诸多挑战。二是农村外出劳动力自身及家庭的社会经济特征。研究表明，教育程度、收入水平、居住环境及工作的稳定性对农村外出劳动力子女随迁就学具有确切的促进作用（Liang and Chen，2007；许召元等，2008；陶然等，2011）。此外，迁移本身也会对农村外出劳动力子女的随迁就学决策产生影响。一方面，劳动者的迁移特征可直接影响子女的随迁就学决策。例如，子女是否随迁在很大程度上受制于劳动者迁移的距离（梁宏和任焰，2010），而配偶共同外出则能显著提升子女随迁的概率（宋锦和李实，2014）；另一方面，迁移作为一种人力资本投资方式，可以开阔劳动者的视野，提升其工作技能和信息获取能力，使其教育意念和观念发生改变，更加重视对下一代的教育，进而对子女的随迁就学产生间接的影响。

然而，现有关于农村外出劳动力子女随迁决策或教育选择的研究往往存在一定的问题和缺陷。第一，在农村外出劳动力子女的样本选择上，现有研究大多选取义务教育阶段及以下（或14~15周岁及以下）的儿童，此类研究包含了大量学龄前儿童的样本，而学龄前儿童是否在迁入地就学具有一定的不确定性，部分儿童在达到入学年龄后，由于未能满足迁入地就学条件而返回老家接受教育，子女随迁就学的概率有被高估之嫌。第二，现有研究未对教育阶段加以区分，随迁子女在不同教育阶段面临不同的"教育门槛"，且随着教育阶段的提升，"教育门槛"随之提高，对教育阶段不加区分进行整体考察同样会得到有偏的估计结果。第三，现有研究尚未对高中阶段子女随迁就学决策加以考察。一直以来，农村外出劳动力随迁子女在异地接受高中教育面临巨大的体制障碍。随着我国教育制度的不断改革及教育政策的不断完善，部分省份逐步放宽随迁子女异地高中教育的条件。近几年，完成和即将完成义务教育的随迁子女数量庞大且呈现持续增长的态势，农村外出劳动力随迁子女主体正式步入接受高中教育的阶段（吴霓，2011）。未来一段时间，在迁入地继续接受更高阶段教育将成为随迁子女义务教育后的主要诉求。因此，有必要对农村外出劳动力高中阶段子女随迁就学决策进行考察。毕竟，义务教育阶段和高中阶段是对农民工子女教育前景影响至关重要的阶段（如是否能进入高中或大学，进入怎样的高中或大学），也是父母最容易、最应该施加干涉和影响的教育阶段。

农民工在养育子女的过程中，会对子女进行教育投资。一般而言，农民工对子女的教育投资主要体现在两个方面，一是物质上的投入，二是时间上的投入，这些要素对子女人力资本形成具有至关重要的作用。那么，农民工对子女的人力资本投资是否会因其迁移行为而异？基于此，本章将利用全国流动人口动态监测调查数据和中国教育追踪调查数据考察影响农民工家庭迁移决策的因素，并进一步考察农民工家庭迁移决策对子女教育投资的影响效应。

第二节　研究方法与数据来源

一、农村劳动力迁移对子女随迁就学决策的影响——Probit 模型

农民工子女随迁就学决策主要体现在农民工是否将子女迁入务工城市就学以使其获得更好的照料并接受更好的教育，即随迁就学决策是一个二分选择变量。因此，需利用 Probit 模型考察农民工子女的随迁就学决策。为弥补目前文献在样本选择方面的欠缺，本书选取义务教育阶段及高中阶段农民工子女为研究对象，分阶段对其随迁就学决策进行考察。

假设农民工子女 i 的随迁就学决策是由一种不可直接观测的效用函数 y^*（即子女随迁与子女留守的效用水平之差）所决定的，而效用函数 y^* 是一个由 $y^* = \xi_0 + \xi_1 Mig_i + \xi_2 X_i + \mu$（当 $y^* > 0$ 时，$y=1$；否则，$y=0$）决定的不可观测的潜变量，假定 μ 独立于 X_i 且服从标准正态分布。y 表示农民工子女是否随父母迁入城市就学，子女随父母迁移至城市就学时取值为 1，子女未随父母迁移时取值为 0。Mig_i 是农民工迁移特征向量，包括迁移距离、迁移方式和迁移稳定性。X_i 包括子女特征（如子女数量、性别、年龄、就学阶段、是否独生子女等）、家庭核心劳动力个人特征（如性别、工作经验、教育程度、日均工作时间、参与社会保障情况、职业、是否自营劳动者等）、家庭

特征（如配偶教育程度、家庭收入、住房性质等）和现居城市规模。那么，影响农民工子女随迁就学决策的二元离散选择模型可以表示为：

$$\Pr(y_i = 1 \mid X) = \Pr(y_i^* > 0 \mid X)$$
$$= \Pr(\phi_0 + \phi_1 Mig_i + \phi_2 X_i + \varepsilon_i > 0 \mid X)$$
$$= \Phi(\phi_0 + \phi_1 Mig_i + \phi_2 X_i) \qquad (6.1)$$

其中，Φ 是标准正态累积分布函数。由于二元响应模型的回归系数的经济解释比较困难，故估计各自变量的边际变化对选择概率的边际影响的偏效应对回归系数的解释更为合理（Greene，1993）。各自变量对因变量概率的边际影响可以表示为：

$$\frac{\Delta \hat{p}(y = 1 \mid X = x)}{\Delta x_j} = g(\hat{\phi}_0 + \hat{\phi}_j \times x) \times \hat{\phi}_j \qquad (6.2)$$

其中，$g(\cdot)$ 为标准正态分布函数，$\hat{\phi}_j$ 为估计参数。

二、农村劳动力迁移对子女人力资本投资的影响——两阶段模型

（一）模型介绍

为考察农民工迁移对家庭教育投资的影响，本部分将采用克拉格（Cragg，1971）提出的"两部分模型"（two-part model）进行实证研究。两部分模型将农民工对子女的教育投资分为两个阶段：第一阶段，农民工决定是否进行教育投资，即进行"参与决策"；第二阶段，在农民工决定进行教育投资的前提下，决定教育投资的支出，即进行"数量决策"。两个阶段拥有不同的决定机制，从而可以有效避免样本选择误差的问题。

具体而言，首先定义虚拟变量 d_i，将进行教育投资的农民工记为 $d_i = 1$，未进行教育投资的农民工记为 $d_i = 0$。当 $d_i = 1$ 时，可以观测到 $y_i > 0$；当 $d_i = 0$ 时，只能观测到 $y_i = 0$。那么，未进行教育投资的农民工只能估计"$d_i = 0$"

的概率；而进行教育投资的农民工，给定 $d_i = 1$ 的条件密度可表示为：

$$f(y_i \mid d_i = 1) = P(d_i = 1 \mid x_i)f(y_i \mid d_i = 1, x_i) \qquad (6.3)$$

则关于 y_i 的两部分模型可表示为：

$$f(y_i \mid x_i) = \begin{cases} P(d_i = 0 \mid x_i), & 若\ y_i = 0 \\ P(d_i = 1 \mid x_i)f(y_i \mid d_i = 1, x_i), & 若\ y_i > 0 \end{cases} \qquad (6.4)$$

为了保证投资者的 y_i 为正数，$f(y_i \mid d_i = 1, x_i)$ 应为某取值为正的随机变量的密度函数，如对数正态分布，故在实践中常把 $\ln y_i$ 作为第二阶段的被解释变量。对于两部分模型，通常假设其两个部分相互独立，故可分别进行估计。对于第一阶段的参与决策，可以使用全样本进行 Probit 或 Logit 估计，对于第二阶段的数量决策，则可以使用由参与者组成的子样本进行 OLS 估计。

（二）模型设定

第一阶段，采用 Probit 模型分析农民工家庭教育投资行为的影响因素。农民工家庭教育投资的概率可以表示为：$\Pr(Y_i > 0 \mid X_i)$，其中，X_i 为第 i 个农民工家庭教育投资行为影响因素的向量，如果 $Y_i > 0$，则表示教育投资支出大于零，即农民工对子女进行教育投资；如果 $Y_i = 0$，则表示教育投资支出为零，即农民工不对子女进行教育投资。农民工是否对子女进行教育投资的决策可表示为：

$$Y_i = \xi_0 + \xi_1 Mig_i + \xi_2 Control_i + \mu_i, \quad \mu_i \sim N(0, 1) \qquad (6.5)$$

其中，Mig_i 为农民工的迁移状态（即举家迁移时取值为 1，独自外出时取值为 0）。$Control_i$ 为控制变量向量，包括农民工的家庭经济状况、家庭人力资本水平（自己或配偶的最高教育程度）、对子女的教育期望、地区类型（是否居住在市或县城的中心城区）及子女特征（子女性别、子女兄弟姐妹数、子女是否住校）等。

计量估计模型如下所示，$\Phi(\cdot)$ 为累积分布函数。

$$\Pr(Y_i > 0 \mid X_i) = \Phi(\xi_0 + \xi_1 Mig_i + \xi_2 Control_i) \qquad (6.6)$$

第二阶段，为农民工家庭教育支出的线性方程。在两部分模型中，通常采用对数形式的方程来处理因变量存在偏度的问题。那么在处理之后，需将结果重新转换为原来的量纲，以保证政策含义的合理性。家庭教育投资支出的线性方程可表示为：

$$\text{Log}(Y_i > 0 \mid X_i) = \xi_0 + \xi_1 Mig_i + \xi_2 Control_i + \varepsilon_i, \quad \varepsilon_i \sim N(0, \sigma^2) \quad (6.7)$$

通过两部分模型可以估算出各变量是否影响农民工家庭教育投资支出以及对教育投资支出的影响程度，各变量对教育投资支出的最终影响取决于两部分影响之和，即偏效应。如果变量是连续变量，则其偏效应表示为：

$$\frac{\partial E(Y)}{\partial X_i} = \frac{\partial\left[\Pr(Y>0) \times E(Y \mid Y>0)\right]}{\partial X_i}$$

$$= \Pr(Y>0)\frac{\partial E(Y \mid Y>0)}{\partial X_i} + E(Y \mid Y>0)\frac{\partial \Pr(Y>0)}{\partial X_i} \quad (6.8)$$

三、数据来源与变量选取

（一）数据来源

本章所采用的研究数据是 2013 年全国流动人口动态监测调查数据和 2013～2014 年中国教育追踪调查数据。两套数据均来自官方调查，抽样方法科学且样本量大，具有较好的全国代表性。全国流动人口动态监测调查数据中涵盖农村劳动力迁移方面的详细信息，中国教育追踪调查数据中则涵盖子女教育方面的详细信息，两套数据互为补充。

1. 全国流动人口动态监测调查数据

2013 年全国流动人口动态监测调查数据调查人群为 15～59 岁、在流入地居住 1 个月以上的非本区（县、市）户口的流动人口及居委会、村委会掌握人口计生或公安户籍数据的负责人，涵盖基本情况、就业居住和社会保障、婚育情况与计划生育服务、社会融合等方面的详细信息。为研究农民工子女的随迁就学决策，本书对基础数据做了如下处理：第一，将研究对象限定在已婚且家中有在学子女的外出务工农村家庭；第二，若家中有 2 个或多个子女满足在学条件，为避免出现有的子女随迁、有的子女未随迁的情况，选取满足在学条件子女中年龄最大的子女为研究对象；第三，相对于子女意愿来说，父母的决定往往更加重要，特别是在农村家庭，户主通常具有更高的家庭地位，在家庭决策中也更具话语权。因此，选取家庭成员中收入水平更高的劳动力即家庭核心劳动力并视为户主。在去掉关键变量缺失的样本后，得到有效家庭样本 37607 个。其中，子女随父母迁入城市就学的家庭 22986 个，占 61. 12%；子女未随迁的家庭 14621 个，占 38.88%。

2. 中国教育追踪调查数据

中国教育追踪调查（China Education Panel Survey，CEPS）数据是中国人民大学中国调查与数据中心（National Survey Research Center，NSRC）设计并实施的，该调查采用 PPS 抽样方法在全国范围内随机抽取 28 个县级单位（县、区、市）中 112 所学校、438 个班级、约 2 万名七年级和九年级学生作为调查样本，并对学生家长、班主任、任课教师以及所在学校领导进行问卷调查，问卷内容既包括学生家庭层面的信息（如学生及家庭成员基本信息、户籍与流动情况、亲子互动、家庭教育环境等），也包括学生所在班级及学校层面的信息（如教师基本信息、班级和学校基本信息、学生在校学习情况等），旨在揭示家庭、班级以及学校对个人教育产出的影响。由于研究主体是农民工及其子女，故仅保留了父母和子女均为农业户籍的样本。剔除关键变量缺失样本后，最终得到有效样本 2043 人。其中，子女随迁农民工 1046 人，占样本总量的 51.2%；子女留守的农民工 997 人，占样本总量的 48.8%。

（二）变量选取

1. 农民工迁移对子女随迁就学决策影响的变量

因变量是农民工子女的随迁就学决策，子女随农民工迁入城市就学时取值为 1，留守家乡时取值为 0。关键自变量是农民工的迁移特征，包括迁移距离、迁移方式和迁移稳定性。在衡量迁移距离时，已有文献大多考察跨省迁移与省内迁移的区别（胡枫和李善同，2009；梁宏和任焰，2010），也有学者以各省省会间最短铁路距离衡量省际迁移距离，以马和廖（Ma and Liaw，1997）的测算方式衡量省内迁移距离（王格玮，2004）。本书对变量作进一步细化，以跨省迁移、省内跨市迁移和市内跨县迁移衡量迁移距离，这既能体现地理上的距离，也涵盖了心理上的距离。此外，以夫妻是否共同外出务工对迁移方式变量加以区分，并用劳动者迁入城市的时间体现其迁移的稳定性。控制变量向量包括：第一，子女特征，如子女数量、性别、年龄、就学阶段、是否独生子女等；第二，家庭核心劳动力个人特征，如性别、工作经验、教育程度、日均工作时间、参与社会保障情况、职业、是否自营劳动者等；第三，家庭特征，如配偶教育程度、家庭收入、住房性质等；第四，现居城市规模。

在职业方面，本书综合了职业性质、技能要求和收入水平等因素，将职业简单归为四类，分别为：商业（包括经商者和商贩）、餐饮服务业（包括餐饮、家政、保洁、保安、装修及其他服务业人员）、生产运输业（包括生产、运输、建筑及其他生产运输设备操作人员）和机关办事人员及其他（包括党政机关、企事业单位、公务员、专业技术人员及其他职业）。商业和餐饮服务业对劳动者技术及个人能力要求不高，但前者通常能获得较高的收入水平，后者则多以体力劳动为主，劳动报酬水平较低；生产运输业对劳动者有一定技术和能力上的要求，收入水平相对较高；机关办事人员大多以脑力劳动为主，对学历有较高的要求，因此农村劳动者从事此类职业的较少。

在家庭收入方面，将家庭月收入最高和最低的 30% 分别定义为高收入家庭和低收入家庭，其余样本为中等收入家庭。具体而言，家庭月收入高于 6000 元的为高收入家庭，低于 3500 元的为低收入家庭，介于 3500～6000 元的为中等收入家庭。此外，由于城镇养老保险和城镇居民医疗保险可为农民工在城市生活提供长远的保障，本书以是否参与城镇养老保险或城镇居民医疗保险反映农民工在城市的社会保障情况。

2. 农民工迁移对子女人力资本投资影响的变量

农民工家庭对子女的教育投资主要体现在两个方面：一是物质上的投入；二是时间上的投入。本书用"农民工是否为子女报课外辅导班或兴趣班"衡量农民工对子女教育的物质投入，用"农民工是否辅导子女功课"衡量农民工对子女教育的时间投入。第一阶段的因变量为是否为子女报课外辅导班或兴趣班（或是否辅导子女功课）；第二阶段的因变量为子女报课外辅导班或兴趣班时支付的费用（或辅导子女功课时花费的时间）。关键自变量是农民工子女的迁移选择，农民工举家迁移时取值为1，农民工独自迁移时取值为0。控制变量包括农民工的家庭特征、子女特征以及影响农民工对子女教育投资的环境因素。农民工的家庭特征包括家庭经济状况、家庭人力资本水平和对子女的教育期望，其中，家庭人力资本水平用农民工或配偶的最高教育程度衡量。子女特征包括农民工子女的性别、兄弟姐妹数和是否住校。影响农民工对子女教育投资的环境因素用是否居住在市或县城的中心城区来衡量。

第三节　农村劳动力迁移对子女随迁就学决策影响的实证结果分析

一、不同就学选择下农村劳动力家庭基本特征的比较分析

表6.1给出了不同就学选择下农民工家庭基本特征情况。在迁移特征方面，子女随迁就学的家庭主要以省内迁移为主，占样本总数的54.71%，而

子女留守的家庭主要以跨省迁移为主，占样本总数的 66.63%。在子女随迁就学的家庭中，夫妻共同外出务工比例高达 98.25%，子女留守的家庭中这一比例仅为 71.70%。子女随迁就学的家庭劳动者迁入城市的时间以 3~5 年为主，而子女留守的家庭劳动者迁入时间大多在 3 年以下，占 34.92%。

表 6.1　　　　　　**子女随迁与子女留守家庭基本特征对比**

类别	变量定义及赋值		子女随迁	子女留守
迁移特征	迁移距离（%）	跨省迁移	45.29	66.63
		省内跨市迁移	32.73	20.92
		市内跨县迁移	21.98	12.45
	夫妻共同外出比例（%）	—	98.25	71.70
	迁移时间（%）	3 年以下	19.12	34.92
		3~5 年	31.18	30.64
		6~10 年	29.25	21.51
		10 年以上	20.45	12.93
子女特征	子女数量（人）	—	1.65	1.70
	男孩比例（%）	—	54.75	55.37
	子女年龄（岁）	—	12.04	13.03
	独生子女比例（%）	—	43.34	39.04
	子女就学阶段（%）	小学	59.82	46.18
		初中	24.38	27.36
		高中	13.13	22.47
		中专/职高	2.68	3.98
家庭核心劳动力个人特征	男性比例（%）	—	71.42	67.77
	工作经验（年）	—	22.47	22.94
	教育年限（年）	—	8.93	8.80
	日均工作时间（小时）	—	9.77	9.73
	参与社会保障比例（%）	—	14.07	13.49

续表

类别	变量定义及赋值		子女随迁	子女留守
家庭核心劳动力个人特征	职业（％）	商业	35.73	27.37
		餐饮服务业	28.00	26.81
		生产运输业	24.10	36.69
		机关办事人员及其他	12.17	9.12
	自营劳动者比例（％）	—	50.31	35.78
家庭特征	配偶受教育年限（年）	—	8.72	8.61
	家庭收入（％）	低收入	26.48	32.09
		中等收入	42.33	38.79
		高收入	31.18	29.12
	住房性质（％）	借住房	6.39	18.76
		自有房	18.33	4.01
		保障房/租赁房	75.28	77.22
城市特征	迁入城市规模（％）	一线城市	9.34	15.12
		二线城市	25.40	26.28
		三线及以下城市	65.25	58.60

在子女特征方面，子女随迁就学家庭中独生子女的比例更高。在就学阶段方面，随迁就学家庭的子女大多就读于小学，约占全部随迁样本的60％，子女留守家庭中就读于初、高中的子女较多，约占此类样本的50％。

在家庭核心劳动力个人特征方面，子女随迁就学的家庭中，核心劳动力主要以经商为主，占此类样本的35.73％；子女留守的家庭中，核心劳动力主要以从事生产运输为主，占此类样本的36.69％。子女随迁就学家庭从事自我经营的比例较高，达到50.31％，而这一比例在子女留守的家庭仅为35.78％。在工作经验方面，子女留守的家庭核心劳动力工作经验略高。

在家庭特征方面，子女随迁就学家庭配偶受教育年限更高，两类家庭均以中等收入水平为主，但子女随迁就学家庭中高收入和中等收入所占比例较高。子女随迁就学家庭中在城市拥有住房的占 18.33%，子女留守家庭这一比例仅为 4.01%，两者相差 4.57 倍。整体而言，两类家庭主要以租房为主，分别占两类样本的 75.28% 和 77.22%。子女留守家庭借住或居住于雇主提供的免费住房、就业场所及其他非正规居所的比例较高，达到此类样本总数的 18.76%，而子女随迁就学家庭这一比例仅为 6.39%。

从地区分布来看，农民工大多在三线及以下的中小城市务工，子女留守的家庭在一线城市务工的比例相对较高，为 15.12%，是子女随迁就学家庭的 1.65 倍。

二、农村劳动力迁移对子女随迁就学决策的影响

表 6.2 给出了农民工迁移特征对子女随迁就学决策影响的回归结果。由模型检验结果中的对数拟似然比统计量、Wald 统计量等指标可以看出，模型总体拟合效果较好。

表 6.2　　　　迁移对农村外出劳动力子女随迁决策影响的估计结果

变量		义务教育阶段			高中阶段		
		系数	标准误	边际效应	系数	标准误	边际效应
迁移距离（对照组：跨省迁移）	省内跨市迁移	0.4525 ***	0.0205	0.1310	0.5166 ***	0.0388	0.1706
	市内跨县迁移	0.5858 ***	0.0252	0.1644	0.6500 ***	0.0441	0.2129
迁移方式（对照组：劳动者独自外出）	夫妻共同外出	1.7727 ***	0.0349	0.5020	1.5985 ***	0.0734	0.5040
迁入时间（对照组：3 年以下）	3~5 年	0.2971 ***	0.0216	0.0910	0.1385 ***	0.0466	0.0441
	6~10 年	0.4744 ***	0.0233	0.1410	0.2459 ***	0.0472	0.0783
	10 年以上	0.6002 ***	0.0280	0.1739	0.3624 ***	0.0497	0.1151
全部子女数量		-0.0357	0.0268	-0.0101	0.0328	0.0461	0.0104

续表

变量		义务教育阶段			高中阶段		
		系数	标准误	边际效应	系数	标准误	边际效应
子女性别（对照组：女孩）	男孩	− 0.0195	0.0172	− 0.0055	− 0.0082	0.0332	− 0.0026
子女年龄		− 0.0228 ***	0.0052	− 0.0065	− 0.0388 ***	0.0126	− 0.0122
子女就学阶段（对照组：小学）	初中	− 0.2806 ***	0.0291	− 0.0795	—	—	—
子女就学选择（对照组：中专/职高）	普通高中	—	—	—	− 0.0965 **	0.0451	− 0.0304
独生子女		0.0998 ***	0.0347	0.0283	0.1852 ***	0.0635	0.0584
城市规模（对照组：三线及以下城市）	二线城市	− 0.1197 ***	0.0197	− 0.0340	− 0.1468 ***	0.0386	− 0.0470
	一线城市	− 0.2022 ***	0.0267	− 0.0584	− 0.4210 ***	0.0596	− 0.1339
性别（对照组：女性）	男性	0.0735 ***	0.0192	0.0208	0.0754 **	0.0378	0.0238
工作经验		0.0202 ***	0.0021	0.0057	0.0063	0.0051	0.0020
教育年限		0.0133 **	0.0053	0.0038	0.0202 *	0.0105	0.0064
日均工作时间		− 0.0187 ***	0.0045	− 0.0053	− 0.0084	0.0083	− 0.0026
社会保障		0.0642 **	0.0253	0.0182	0.0832 *	0.0498	0.0262
职业（对照组：机关办事人员）	商业	− 0.1018 ***	0.0319	− 0.0279	0.0380	0.0599	0.0120
	餐饮服务业	− 0.1280 ***	0.0313	− 0.0353	0.0258	0.0608	0.0182
	生产运输业	− 0.2784 ***	0.0304	− 0.0791	− 0.0988	0.0616	− 0.0313
自营劳动者		0.1500 ***	0.0195	0.0425	0.0515	0.0365	0.0162
配偶受教育年限		0.0025	0.0048	0.0007	0.0145 *	0.0085	0.0046
家庭收入（对照组：低收入）	中等收入	− 0.0141	0.0215	− 0.0039	− 0.0120	0.0402	− 0.0038
	高收入	− 0.0880 ***	0.0231	− 0.0250	− 0.1376 ***	0.0440	− 0.0435
住房性质（对照组：借住房）	自有房	1.0565 ***	0.0412	0.2801	1.0244 ***	0.0706	0.3292
	保障房/租赁房	0.2900 ***	0.0271	0.0913	0.3628 ***	0.0571	0.1189

续表

变量	义务教育阶段			高中阶段		
	系数	标准误	边际效应	系数	标准误	边际效应
常数项	− 1.9494 ***	0.1206	—	− 2.0749 ***	0.3178	—
样本观测数（人）	30106			7501		
Wald chi² （27）	5672.59			1372.21		
Log pseudolikelihood	− 15085.74			− 4154.53		
Pseudo R²	0.2312			0.2004		

注：*、** 和 *** 分别表示在10%、5% 和1% 水平上显著；括号内为稳键标准误。

（一）迁移特征对子女随迁就学决策的影响

迁移特征（包括迁移距离、迁移方式和迁移稳定性）对我国农民工子女随迁就学决策的影响是本书关注的重点。实证结果显示，迁移距离、迁移方式和迁移稳定性均在1% 统计水平上显著地影响了农民工子女的随迁就学决策。

在迁移距离上，与跨省迁移农民工相比，省内跨市和市内跨县迁移农民工子女随迁就学的概率显著增加，且迁移距离越近，子女随迁就学的概率越高。产生这一结论的主要原因在于：一方面，远距离意味着高成本，这里不仅是高昂的交通费用，还包括由迁移产生的心理成本，即迁移到陌生环境而需要的心理上的调整；另一方面，政府的行政控制增加了迁移障碍，由于户籍制度的限制，跨省迁移的农民工在子女入学、社会服务与保障、购买住房等方面面临更多的障碍。

在迁移方式上，我国农民工已步入携妻带子、举家迁移的核心家庭化阶段（段成荣等，2013）。与夫妻中仅有一方外出务工相比，夫妻双方共同外出务工显著增加了子女随迁就学的概率。这可能是由于夫妻双方共同外出务工的家庭更重视家庭生活的完整性，故选择将子女迁至身边亲自照料；也可能是由于夫妻共同外出务工的家庭家中没有老人可以照顾子女，劳动者不得不携带子女外出务工。值得一提的是，在各类影响因素中，迁移方式对农民工子女随迁就学决策的影响最为显著。

在迁移稳定性上，随着在城市居住、生活时间的增加，农民工家庭经济收入和生活条件会逐渐达到一个相对稳定的状态。通常，农民工会在工作、收入都稳定后才考虑子女随迁的问题。实证结果表明，农民工迁入城市的时间显著增加了子女随迁就学的概率，迁入时间越久，子女随迁就学的概率越大。

（二）子女特征对子女随迁就学决策的影响

在子女特征方面，子女年龄的增加显著降低了其随迁就学的概率。同时，子女的就学阶段和就学选择对其随迁与否影响显著。例如，初中阶段子女随迁就学的概率明显低于小学阶段，普通高中子女随迁就学的概率明显低于中专或职高。也就是说，子女接受更高、更好的教育会对其随迁就学形成一定阻力。原因在于，随迁子女在流入地就学需要面临一定的准入"门槛"，由于各地随迁子女升学考试政策（尤其是高考政策）的限制，教育阶段越高，准入"门槛"也越高。此外，子女若为独生子女，则其随迁就学的概率大大增加。与有多名子女的家庭相比，义务教育阶段和高中阶段独生子女随迁就学的概率分别增加了2.83%和5.84%，这可能与携带子女迁移的成本有关，也可能与子女在家乡生活并接受照料的规模经济有关。家庭中子女的数量和性别对随迁就学决策的影响并不显著。

（三）城市特征对子女随迁就学决策的影响

在大城市务工的农民工子女随迁就学的概率明显低于中小城市务工者，且城市规模越大，子女随迁就学的概率越低。若子女在高中就读，这一现象更为显著。一方面，农民工在大城市定居的可能性小、生活成本高，到大城市务工通常是为了追求更高的劳动报酬，其迁移行为具有时期性；另一方面，大城市虽然拥有更为完善的公共服务特别是基础教育体系，但入学"门槛"

相对较高，加之高考政策的限制，随迁子女就学稳定性难以保障。

（四）家庭核心劳动力个人特征对子女随迁就学决策的影响

实证结果显示，家庭核心劳动力的性别显著影响子女随迁就学的概率。与核心劳动力为女性的家庭相比，核心劳动力为男性的家庭子女随迁就学的概率分别增加了 2.08% 和 2.38%。另外，家庭核心劳动力的人力资本水平可以显著提升子女的随迁就学的概率，工作经验丰富、教育程度高的农民工携带子女迁移的可能性更大。劳动者日均工作时间对子女随迁就学产生了负面的影响，即农民工每日工作的时间越长，子女随迁就学的概率越低。对义务教育阶段的子女而言，这种影响尤为显著，这可能与子女年龄较小、需要更多照料有关。

在社会保障方面，参与城镇养老保险或城镇居民医疗保险的农民工子女随迁就学的概率更高。一方面，城镇养老保险或城镇居民医疗保险可为农民工在城市生活提供长远的保障，这在一定程度上增加了其生活的稳定性；另一方面，部分省份已将社会保险作为随迁子女能否在流入地参加升学考试的一项重要考量，如在高考移民问题形势严峻的地区，社会保险已成为随迁子女参加升学考试必须跨越的一道"门槛"（吴霓和朱富言，2014）。

在职业分布方面，与机关单位办事人员及技术人员相比，商业、餐饮服务业和生产运输业的农民工更不倾向于携带子女迁移就学，子女随迁就学的概率分别降低了 2.79%、3.53% 和 7.91%。若农民工从事自我经营，则子女随迁就学的概率显著提升，这可能是由于自我经营农民工拥有更多的自主时间，能够给予子女更好的照料。然而，父母职业因素对高中阶段子女随迁就学的影响并不显著。一种可能的解释是，与义务教育阶段子女相比，高中阶段子女已具备一定的学习和生活能力，受父母职业因素影响较小。

（五）家庭特征对子女随迁就学决策的影响

在城市拥有自己的住房是居住稳定性的表现，可为农民工在城市发展提供较为可靠的保障。相比借住或居住于雇主提供的免费住房、就业场所及其他非正规居所，拥有自己的住房会使子女随迁就学的概率增加 28.01%，居住政府保障房或租赁房会使子女随迁就学的概率增加 9.13%，住房特征对高中阶段子女随迁就学的影响更为显著。在家庭收入方面，收入水平相对较高的农民工家庭子女随迁就学的概率明显下降，中等收入与收入水平相对较低家庭子女随迁就学的概率并未表现出明显差异。一种可能的解释是，家庭收入水平较高的群体用于工作的时间也相对较多，无法给予子女很好的照料，故选择将子女留在老家，通过汇款的方式弥补子女教育投入的损失。另一种可能的解释是，虽然外出务工使农民工获得了更高的收入，但对他们而言外出务工并不是长远之计，将子女留在老家一方面降低了迁移成本，另一方面保证了子女就学的稳定性（或者说减少了随迁子女接受教育的不确定性）。此外，配偶受教育程度的提升可在一定程度上增加子女随迁就学的概率，但对义务教育阶段的子女而言，其影响并不显著。

三、稳健性检验

通过上述研究发现，迁移特征（包括迁移距离、迁移方式和迁移稳定性）对我国农民工子女随迁就学决策具有显著影响。在迁移距离上，与跨省迁移农民工相比，省内跨市和市内跨县迁移农民工子女随迁就学的概率显著增加，且迁移距离越近，子女随迁就学的概率越高；在迁移方式上，与夫妻中仅有一方外出务工相比，夫妻双方共同外出务工显著增加了子女随迁就学的概率；在迁移稳定性上，农民工迁入城市的时间显著增加了子女随迁就学的概率，迁入时间越久，子女随迁就学的概率越大。为保证这一结果的可靠性和稳定性，本书将对基准回归模型进行稳健性检验，具体将采用如下两种方法：

第一，从数据出发，根据不同的标准调整分类，检验研究结果是否依然显著。具体而言，对家中有两个或多个子女满足在学条件的家庭，选取年龄最小的子女作为随迁就学决策的考察对象进行分析。同一家庭不同年龄段子女在迁移距离、迁移方式和迁移稳定性方面完全相同，但在就学方面所受约束不同，因此，对考察对象的选取可能会影响模型的估计结果。稳健性检验的结果如表 6.3 所示。

表 6.3　　　农民工迁移对子女随迁就学影响的稳健性检验 （一）

变量		义务教育阶段			高中阶段		
		系数	标准误	边际效应	系数	标准误	边际效应
迁移距离（对照组：跨省迁移）	省内跨市迁移	0.4278 ***	0.0197	0.1217	0.4942 ***	0.0490	0.1608
	市内跨县迁移	0.5599 ***	0.0241	0.1541	0.6423 ***	0.0553	0.2072
迁移方式（对照组：劳动者独自外出）	夫妻共同外出	1.7695 ***	0.0329	0.4934	1.6162 ***	0.0862	0.5018
迁入时间（对照组：3 年以下）	3 ~ 5 年	0.2897 ***	0.0208	0.0880	0.1934 ***	0.0576	0.0607
	6 ~ 10 年	0.4593 ***	0.0223	0.1353	0.3180 ***	0.0592	0.0999
	10 年以上	0.6148 ***	0.0267	0.1751	0.4010 ***	0.0625	0.1258
其他变量		控制	控制	控制	控制	控制	控制
样本观测数 （人）		33133			4848		
Wald chi^2 （27）		6191.69			971.23		
Log pseudolikelihood		− 16366.55			− 2649.06		
Pseudo R^2		0.2331			0.2106		

注：*、** 和 *** 分别表示在 10%、5% 和 1% 水平上显著；括号内为稳键标准误。

第二，从变量出发，对子女是否随迁的判断标准进行重新界定，综合考察子女的出生地和现居地，剔除掉子女在父母务工地出生的样本。稳健性检验的结果如表 6.4 所示。

表 6.4　　　农民工迁移对子女随迁就学影响的稳健性检验（二）

变量		义务教育阶段			高中阶段		
		系数	标准误	边际效应	系数	标准误	边际效应
迁移距离（对照组：跨省迁移）	省内跨市迁移	0.4672***	0.0216	0.1417	0.5504***	0.0405	0.1803
	市内跨县迁移	0.5989***	0.0265	0.1768	0.6742***	0.0460	0.2197
迁移方式（对照组：劳动者独自外出）	夫妻共同外出	1.8112***	0.0380	0.5354	1.6699***	0.0800	0.5206
迁入时间（对照组：3 年以下）	3~5 年	0.2983***	0.0223	0.0922	0.1447***	0.0482	0.0452
	6~10 年	0.4189***	0.0244	0.1273	0.2347***	0.0486	0.0735
	10 年以上	0.4223***	0.0317	0.1282	0.3047***	0.0525	0.0954
其他变量		控制	控制	控制	控制	控制	控制
样本观测数（人）		26043			6932		
Wald chi^2（27）		4829.12			1284.90		
Log pseudolikelihood		-13586.22			-3798.06		
Pseudo R^2		0.2232			0.2064		

注：*、** 和 *** 分别表示在 10%、5% 和 1% 水平上显著；括号内为稳键标准误。

限于篇幅，这里仅报告关键解释变量的稳健性检验结果。通过上述稳健性检验后发现，本书的核心结论依然成立。

第四节　农村劳动力迁移对子女人力资本投资影响的实证结果分析

一、不同迁移选择农村劳动力基本特征的比较分析

农民工在养育子女的过程中，会对子女进行人力资本投资，即物质投入

和时间投入，这些要素对子女人力资本形成具有至关重要的作用（祁翔，2013）。表 6.5 给出了农民工的基本特征情况。然而，农民工对子女的人力资本投资可能会因其家庭迁移行为而异，因此，本书进一步对不同迁移选择农民工的基本特征进行了对比分析，具体结果如表 6.6 所示。

表 6.5 　　　　　　　　　　　　农民工家庭的基本特征

变量	定义及赋值	全样本	
		均值	标准差
迁移选择	0 = 独自外出，1 = 举家迁移	0.5119	0.4999
家庭经济状况	1 = 困难，2 = 中等，3 = 富裕	1.7386	0.5201
家庭最高教育程度	1 = 没受过任何教育，2 = 小学，3 = 初中，4 = 中专/技校，5 = 职业高中，6 = 高中，7 = 大学专科，8 = 大学本科，9 = 研究生及以上	3.5252	1.4452
对子女的教育期望	1 = 其他，2 = 初中毕业，3 = 中专/技校，4 = 职业高中，5 = 普通高中，6 = 大学专科，7 = 大学本科，8 = 研究生，9 = 博士	6.8409	1.6913
地区类型	1 = 市或县城的中心城区，0 = 其他地区	0.1689	0.1374
子女性别	0 = 女，1 = 男	0.4802	0.4699
子女兄弟姐妹数量	人（不含自己）	1.3529	0.6469
子女是否住校	0 = 否，1 = 是	0.4151	0.3923
物质投入	0 = 未参加辅导班/兴趣班，1 = 参加辅导班/兴趣班	0.1733	0.0785
时间投入	0 = 未辅导子女功课，1 = 辅导子女功课	0.2746	0.2464

表 6.6 　　　　　　　　不同迁移选择下农民工家庭基本特征的比较

变量	农民工举家迁移		农民工独自外出	
	均值	标准差	均值	标准差
家庭经济状况	1.8518	0.4871	1.6198	0.5272
家庭人力资本水平	3.6434	1.5116	3.4012	1.3619
对子女的教育期望	6.8967	1.6177	6.7823	1.7641

续表

变量	农民工举家迁移		农民工独自外出	
	均值	标准差	均值	标准差
地区类型	0.2753	0.2446	0.0571	0.2322
子女性别	0.4512	0.4478	0.5105	0.5001
子女兄弟姐妹数	1.3346	0.6480	1.3721	0.6454
子女是否住校	0.1873	0.1390	0.6539	0.4759
子女是否参加辅导班	0.2543	0.2356	0.0882	0.0838
是否辅导子女功课	0.3164	0.3653	0.2306	0.2214

由表6.5可知，51.19%的农民工是举家迁移的，农民工的总体经济状况一般，家庭平均受教育程度以初中水平为主，对子女的教育期望是读到大学，样本中有16.89%的农民工居住在市或县城的中心城区。在子女特征方面，样本中男孩的比例为48.02%，子女住校的比例为41.51%。在物质投入方面，子女参加课外辅导班或兴趣班的农民工家庭占样本总量的17.33%；在时间投入方面，会辅导子女功课的农民工家庭占样本总量的27.46%。

由表6.6可知，无论是在物质投入还是时间投入上，举家迁移家庭的投入均高于农民工独自外出家庭的投入。具体而言，在物质投入方面，举家迁移家庭中有25.43%的子女参加了辅导班或兴趣班，农民工独自外出家庭中这一比例仅为8.82%；在时间投入方面，举家迁移家庭中有31.64%的农民工会辅导子女功课，而这一比例在农民工独自外出家庭中为23.06%。在农民工家庭特征方面，举家迁移农民工的家庭经济状况、家庭人力资本水平、对子女的教育期望均优于独自外出农民工。在农民工子女特征方面，农民工独自外出家庭中子女男孩比例更大、子女数量更多、子女住校比例更高。在影响农民工对子女教育投资的环境因素方面，举家迁移农民工中27.53%居住在市或县城的中心城区，独自迁移农民工仅有5.71%居住在市或县城的中心城区。

二、农村劳动力迁移选择对子女物质投入的影响

农民工迁移选择对子女物质投入影响的实证结果如表 6.7 所示。对于第一部分模型，表 6.7 显示，各解释变量对子女参加课外辅导班或兴趣班的概率都有显著的影响。具体而言，举家迁移农民工家庭的子女参加课外辅导班或兴趣班的概率高于独自迁移农民工家庭的子女；家庭经济状况好的农民工家庭子女参加课外辅导班或兴趣班的概率更高；农民工或配偶的教育水平越高，子女参加课外辅导班或兴趣班的概率越大；农民工对子女的教育期望越高，子女参加课外辅导班或兴趣班的概率越大；在市或县城的中心城区打工的农民工子女参加课外辅导班或兴趣班的概率高于在其他地区打工的农民工子女；男孩参加课外辅导班或兴趣班的概率高于女孩；子女兄弟姐妹越多，参加课外辅导班或兴趣班的概率越低；住校子女参加课外辅导班或兴趣班的概率比非住校子女要低。对于第二部分模型，仅迁移选择、家庭经济状况、子女是否住校三个变量显著，这表明，迁移选择、家庭经济状况、子女是否住校不仅影响农民工子女参加课外辅导班或兴趣班的概率，还会影响子女参加课外辅导班或兴趣班支出的费用。

表 6.7　农民工迁移选择对子女物质投入的影响：两部分模型回归结果

变量	第一部分：农民工是否为子女报课外辅导班或兴趣班		第二部分：报课外辅导班或兴趣班时支出的费用		模型的无条件边际效应
	系数	标准误	系数	标准误	
迁移选择	0.4516 ***	0.0818	0.4973 ***	0.1592	0.1056
家庭经济状况	0.1411 **	0.0686	0.3636 ***	0.1164	0.0330
家庭人力资本水平	0.0780 ***	0.0228	0.0259	0.0344	0.0182
对子女的教育期望	0.0659 ***	0.0213	0.0411	0.0394	0.0154
地区类型	0.1816 **	0.0875	0.1478	0.1530	0.0425

续表

变量	第一部分：农民工是否为子女报课外辅导班或兴趣班		第二部分：报课外辅导班或兴趣班时支出的费用		模型的无条件边际效应
	系数	标准误	系数	标准误	
子女性别	- 0.1731 **	0.0690	0.0875	0.1215	- 0.0405
子女兄弟姐妹数	- 0.0949 *	0.0561	0.0385	0.0984	- 0.0222
子女是否住校	- 0.2827 ***	0.0836	- 0.2987 **	0.1453	- 0.0661
常数项	- 1.9364 ***	0.2305	5.7557 ***	0.3817	—
样本观测数（人）	2043		332		—
指标值	LR chi^2 （8） = 163.55 Prob > chi^2 = 0.0000 Log likelihood = - 860.12934 Pseudo R^2 = 0.0877		F （8323） = 8.63 Prob > F = 0.0000 R^2 = 0.1512 Root MSE = 1.0549		—

注：*、** 和 *** 分别表示在 10%、5% 和 1% 水平上显著。

三、农村劳动力迁移选择对子女时间投入的影响

表 6.8 显示，虽然举家迁移能提升农民工辅导子女功课的概率，但却会降低辅导子女功课时所花费的时间；农民工或配偶的教育水平越高，辅导子女功课的概率越高；对子女的教育期望越高，辅导子女功课时花费的时间也越多；子女兄弟姐妹数量越多，父母辅导子女功课的概率越低；对于住校子女，父母辅导其功课的概率低于非住校的子女。

表 6.8　农民工迁移选择对子女时间投入的影响：两部分模型回归结果

变量	第一部分：农民工是否辅导子女功课		第二部分：辅导子女功课时花费的时间		模型的无条件边际效应
	系数	标准误	系数	标准误	
迁移选择	0.1332 *	0.0703	- 0.5339 ***	0.1298	0.0431
家庭经济状况	0.0344	0.0597	- 0.0176	0.0835	0.0111

续表

变量	第一部分：农民工是否辅导子女功课		第二部分：辅导子女功课时花费的时间		模型的无条件边际效应
	系数	标准误	系数	标准误	
家庭人力资本水平	0.1068 ***	0.0204	−0.0229	0.0296	0.0346
对子女的教育期望	−0.0099	0.0176	0.0801 ***	0.0303	−0.0032
地区类型	0.0981	0.0829	0.0668	0.1072	0.0318
子女性别	0.0142	0.0603	−0.0171	0.0948	0.0046
子女兄弟姐妹数	−0.0906 *	0.0484	−0.0295	0.0743	−0.0293
子女是否住校	−0.1589 **	0.0708	−0.1921	0.1438	−0.0514
常数项	−0.8882 ***	0.1962	0.9575 ***	0.3238	—
样本观测数（人）	2043		315		—
指标值	LR chi^2 (8) = 60.63 Prob > chi^2 = 0.0000 Log likelihood = −1175.5913 Pseudo R^2 = 0.0626		F (8306) = 3.18 Prob > F = 0.0004 R^2 = 0.0717 Root MSE = 0.8005		—

注：* 、** 和 *** 分别表示在10% 、5%和1%水平上显著。

第五节 本章小结

本章利用全国流动人口动态监测调查数据和中国教育追踪调查数据实证分析了影响农民工家庭迁移决策的因素，并进一步考察农民工家庭迁移决策对子女教育投资的影响效应。研究发现：第一，子女是否随迁就学在很大程度上受制于劳动者迁移的距离。与跨省迁移的农村劳动力相比，省内跨市迁移和市内跨县迁移的农村劳动力子女随迁就学的概率显著增加，且迁移距离越近，子女随迁就学的概率越高。第二，与夫妻中仅有一方外出务工相比，夫妻双方共同外出务工显著增加了子女随迁就学的概率。第三，农村劳动力迁入城市的时间显著增加了子女随迁就学的概率，且迁入城市的时间越久，子女随迁就学的概率越大。第四，举家迁移农民工家庭在子女教育投资方面显著优于独自迁移的农民工家庭。

农村外出劳动力子女随迁的规模在很大程度上反映了中国城市化的结构、速度和质量，与此同时，留守子女的生活和教育问题也日益成为我国转型时期突出的社会问题。在城市化加速推进的背景下，应进一步改善农村外出劳动力的迁移条件，促使更多留守子女随父母迁移。首先，政府应在发展中小城市的同时，重视县域经济的发展，增加就业机会，制定合理的政策鼓励农村劳动力就地或就近迁移。一方面，农村劳动力就近或就地迁移不仅可以降低迁移成本，子女在迁入地就学的制度障碍也随之减少，子女随迁的可能性大大提升；另一方面，农村劳动力就近或就地迁移有利于社会关系网络的延续、城乡一体化的发展及区域文化的传承。其次，农村劳动力举家迁移是未来中国城市化发展的方向，政府应在公共服务和社会保障方面给予农村外出劳动力相应的政策倾斜，如在居住方面提供更多的廉租房、公租房和政策性保障房，改善农村劳动力在城市的居住条件和居住环境，为农村劳动力举家迁移创造有利条件。再次，政府应完善农村外出劳动力的社会保障和福利政策，将长期工作和居住在城市的农村劳动力纳入城镇职工基本保险或城市低保，使农村劳动力告别"候鸟式"的迁移模式，成为城市中稳定的居住者和就业者。最后，政府应根据各地人口流入压力调整农村劳动力随迁子女的就学门槛，在人口压力较小或高考移民不严重的地区适当放宽随迁子女入学要求，保障农村劳动力迁移的稳定性。

第七章

农村劳动力迁移的人力资本效应的
宏观影响：拓展性研究[*]

　　在前面的章节中，我们从微观层面探讨了农民工迁移的人力资本效应，即农民工迁移可以带来自身人力资本的提升和家庭人力资本投资的改变，包括对下一代人力资本投资的改变。实际上，农民工迁移所产生的人力资本效应对经济社会发展方面面都会产生影响。基于此，本章将对研究进行拓展，进一步探讨农民工迁移带来的人力资本效应在宏观层面的影响。市民化作为农民工由"候鸟式"迁移（短期性、易变性）向"生根式"迁移（长期性、根植性）转变的最后环节，是我国社会经济发展的必然结果，具有牵动整个

---

　　* 本章部分内容已发表于《浙江社会科学》2021 年第 10 期。

社会经济发展神经的全局意义。因此，在宏观层面，本章将探讨农民工迁移所带来的人力资本的变化对市民化的影响。由于市民化是主体主观意愿和相关能力共同作用的结果，故本章将在需求和供给两方面对农民工市民化程度进行有效测算。而农民工又是生活于城市之中的，其个人因素也可能会受当地社会经济特征影响而对市民化起到不同作用，故本章还会对农民工市民化程度的城市异质性作进一步地考察。

第一节　研究基础

随着我国经济体制改革的不断深入以及迁移制度约束的逐渐放松，农村劳动力大规模向城市迁移，推动了我国城镇化的快速发展。与国外的城镇化不同，我国的城镇化经历了"农民向农民工转化"和"农民工向市民转化"两个阶段。据国家统计局数据显示，截至 2016 年底，我国常住人口城镇化率已达到 57.35%，而户籍人口城镇化率仅为 41.20%，两者相差 16.15 个百分点。这意味着，约有 2 亿多农民工虽长期居住在城市，但并不具备市民身份，因此也无法享受与城市居民同等的就业、医疗、教育、社会保障以及住房等方面的待遇，成为游离于城市与农村之间的一个特殊社会群体。农民工是我国劳动力市场的中坚力量，更是维护我国经济社会持续稳定发展的重要保障，如何让有能力在城市稳定就业和生活的农民工实现市民化将是当前我国城镇化发展亟须关注和解决的问题。

研究农民工市民化问题的前提是明确农民工市民化内涵并对农民工市民化程度进行准确测度。然而，现有研究对农民工市民化的理解并不一致，这导致对农民工市民化程度的测度也呈现出多种不同形式。目前，学界对农民工市民化尚无权威定义和概念界定，对农民工市民化程度的测度方法大多是构建评价指标体系，采用等权重赋值法（宁光杰和李瑞，2016；程名望等，

2017）、专家打分法（魏后凯和苏红键，2013）、算术平均加权法（苏丽锋，2017）或熵值法（王晓丽，2013）进行测度，也有学者通过构建非线性模型衡量农民工市民化进程（刘传江和程建林，2008；刘松林和黄世为，2014）。已有文献为本研究提供了大量的知识储备和真知灼见，但关于农民工市民化内涵的探讨忽视了农民工自身对市民化的理解，部分文献甚至将农民工市民化与农民工城市融入的概念混淆，指标体系的构建和评价方法的选取也值得进一步商榷。除此之外，现有研究大多是针对某个城市或者某个省份进行的调查，样本量较小，研究结论存在局限性，难以全面反映农民工市民化的真实情况。

实际上，农民工市民化是完成了职业转变的农村剩余劳动力克服种种障碍并最终转变为市民的现象（许抄军等，2015），包括农民工职业、社会身份、自身素质以及意识行为四个层面的市民化（徐建玲，2008）。当前，大量农民工长期在城市就业和生活，他们已在生活方式、行为方式和意识形态上逐渐与市民趋同，有很多"农民工二代"甚至是在城市出生和长大。然而，对绝大多数农民工而言，城市并未给予其市民身份。也就是说，这部分农民工实际上已有市民之实（实际市民化），但并无市民之名（名义市民化）。在我国基本公共服务不均等的环境下，这部分农民工表现出了强烈的市民化意愿和诉求（潘烜和程名望，2014），他们追求的不仅仅是户籍的变化，更是为了消除隐藏在户籍背后的公共服务的歧视性差异。由于不同城市承载力不同，提供的就业机会和公共服务有限，因而城市也需要相匹配的市民化门槛去控制人口流动、维持平衡。可见，在测度农民工市民化程度时，不仅要考察农民工的市民化需求，还要同时考察城市的市民化供给。

近几年，随着户籍制度改革的不断加快，人力资本发挥的作用越来越重要。城市在设置落户门槛时，大多是从人口素质整体改善的角度出发，更偏重人才属性、技术能力和社会贡献，通过对文化程度、技术能力等因素的把控，让学历比较高的知识型人才以及在技术领域工作时间比较长的技工等技术、技能型人才获得市民户籍，对低端人才的接纳意愿并不强烈。即便是在中小城市，市民身份也并不容易被人力资本水平较低的农民工所获得。李飞和杜云素（2016）对广东省中山市获得落户资格农民工的调查证实了上述观点，即获得落户资格的农民工普遍具备较高的人力资本，是农民工中的精英。可见，人力资本对农民工市民化的影响不可小觑。

农民工市民化是一项长期的、渐进的过程，不仅受微观个体层面因素的影响，还与城市经济发展水平、政策环境以及生活背景等宏观区域因素密切相关。已有研究表明，地域差异对农民工市民化有明显的影响（戚伟等，2016），不同城市隐含的经济发展水平、资源配置能力、承载力状况、人力资本需求的差异会直接导致农民工市民化进程的显著不同（叶俊焘和钱文荣，2016）。不仅如此，农民工又是生活于城市之中的，其个体层面因素也可能会受到当地社会经济特征的影响而对市民化起到不同的作用。那么，农民工市民化程度是否存在显著的城市差异？如果这种差异存在，城市层面因素对农民工市民化程度产生了怎样的影响？对农民工个人层面因素又产生了怎样的作用？当前的市民化应该选择怎样的路径及制度安排？对上述问题的解答不仅有利于新形势下农民工市民化理论的丰富和完善，也有助于转型期农民工市民化的有效治理。

鉴于此，本章拟采用需求可识别双变量 Probit 模型对农民工市民化程度进行有效测算，并利用 HLM 模型量化分析农民工个体层面因素和城市层面因素对农民工市民化程度的影响机理及作用路径。本书突破了已有文献将农民工市民化需求与市民化供给相割裂的局面，避免了单方程分析的信息不充分并有效克服了问卷测度偏差，此外，对农民工市民化程度城市异质性的考察也可为相关部门政策制定提供相应的科学依据及决策参考。

第二节　研究方法与数据来源

一、农民工市民化程度测度——需求可识别双变量 Probit 模型

农民工市民化程度既取决于农民工的市民化需求，又取决于城市的市民化供给，二者缺一不可。然而，由于各城市落户政策不同，很难找到直接测度农民工市民化供给的指标。由于政府依据市场需求和容量来决定农民工落户城市的指标，因此需要农民工达到落户城市的门槛水平，即具备一定的市民化能力（胡雯等，2016），从经济学原理来看，农民工市民化是一个意愿与能力相匹配的过程，在主体主观意愿和相关能力的共同作用下才可能得以完成。具体而言，农民工需同时具备以下两个条件才可转化为市民：一是具有在城市落户的意愿；二是具有在城市生活的能力。本书采用需求可识别双变量 Probit 模型测度农民工市民化程度及其影响因素。

令 y_d^* 和 y_s^* 为市民化需求和市民化供给的潜变量，X_d 和 X_s 为影响市民化需求和市民化供给的外生变量向量，y_d 和 y_s 为需求决策和供给决策行为。假设 ε_d 和 ε_s 服从联合正态分布，构建如下联立方程模型：

$$\begin{cases} y_d^* = X_d\beta_d + \varepsilon_d，若 y_d^* > 0，y_d = 1，否则 y_d = 0 \\ y_s^* = X_s\beta_s + \varepsilon_s，若 y_s^* > 0，y_s = 1，否则 y_s = 0 \end{cases} \tag{7.1}$$

$$E(\varepsilon_d) = E(\varepsilon_s) = 0，\operatorname{var}(\varepsilon_d) = \operatorname{var}(\varepsilon_s) = 1，\operatorname{cov}(\varepsilon_d, \varepsilon_s) = \rho$$

只有同时具备市民化需求（$y_d = 1$）和市民化供给（$y_s = 1$）时，农民工才会转化为市民。进一步地，将农民工市民化行为记作 y，则有：

$$y = \begin{cases} 1，若 y_d = 1，y_s = 1 \\ 0，否则 \end{cases} \tag{7.2}$$

其中，y_d 是可以通过调查观察到的，故可单独估计，而 y_s 的估计存在样本选择偏差问题，需要审查数据（黄祖辉等，2009）。因此，本书采用极大似然法对方程进行估计，对数似然函数如下（Poirier，1980）：

$$\ln L(\beta_d, \beta_s, \rho) = \sum_{i=1}^{N} \{y_i \ln P(y_i = 1) + (1 - y_i) \ln[1 - P(y_i = 1)]\}$$

$$= \sum_{i=1}^{N} \{y_i \ln \Phi(X_d \beta_d, X_s \beta_s; \rho)$$

$$+ (1 - y_i) \ln[1 - \Phi(X_d \beta_d, X_s \beta_s; \rho)]\} \tag{7.3}$$

其中，$\Phi(\cdot)$ 为单变量累积正态分布函数。借鉴李锐和朱喜（2007）、周密等（2012）的测度方法，采用 $\Pr(y_d = 1 | y_s = 1)$ 表示农民工市民化程度，即用农民工具有市民化供给的条件下具有市民化需求的概率表示农民工的市民化程度。

二、农民工市民化程度的城市异质性考察——HLM 模型

农民工市民化程度是农民工个体特征和城市因素共同作用的结果，由于农民工长期工作和生活于城市之中，同一城市农民工在相同的城市环境下可能具有更大的相似性。为了解农民工市民化程度是否存在显著的城市差异，以及如果这种差异存在，城市因素对农民工市民化程度的影响机理为何，采用 HLM 模型对农民工市民化程度作进一步研究。HLM 模型可以有效连接宏观区域数据与微观个体数据，明确区分社会场景变量与个体特征变量对农民工市民化程度的影响，并考察社会场景变量对个体特征变量的调节效应。具体而言，将农民工市民化程度分解为个体层面和城市层面两部分，两层模型表述如下：

（一）零模型

构建如下零模型：

$$\begin{cases} \text{个体层面}: smhcd_{ij} = \beta_{0j} + r_{ij}, \ \text{其中 } \mathrm{var}(r_{ij}) = \sigma^2 \\ \text{城市层面}: \beta_{0j} = \gamma_{00} + u_{0j}, \ \text{其中 } \mathrm{var}(u_{0j}) = \tau_{00} \end{cases} \quad (7.4)$$

式中，$smhcd_{ij}$表示来自城市 j 的个体 i 的市民化程度，β_{0j} 为 j 市农民工的平均市民化程度，γ_{00} 是固定效应，代表所有农民工市民化程度的总平均数，r_{ij} 代表 j 市个体 i 的市民化程度与该市农民工平均市民化程度之差，是个体层次的随机误差，u_{0j} 代表城市 j 与总平均数 γ_{00} 之差，是城市层面的随机误差。

（二）完整模型

在零模型中进一步加入个体层面和城市层面的变量，构建如下完整模型：

个体层面：

$$\begin{aligned} smhcd_{ij} = {} & \beta_{0j} + \beta_{1j} \times edu_{ij} + \beta_{2j} \times training_{ij} + \beta_{3j} \times age\_m_{ij} \\ & + \beta_{4j} \times mig_{ij} + \beta_{5j} \times gender_{ij} + \beta_{6j} \times mar_{ij} \\ & + \beta_{7j} \times house_{ij} + \beta_{8j} \times security_{ij} + \beta_{9j} \times lbalance_{ij} + r_{ij} \end{aligned}$$

城市层面：

$$\beta_{0j} = \gamma_{00} + \gamma_{01} \times fp\_prp_j + \gamma_{02} \times hp\_pcd_j + \gamma_{03} \times lpgdp_j + u_{0j}$$

$$\beta_{1j} = \gamma_{10} + \gamma_{11} \times lpgdp_j + u_{1j}, \ \beta_{2j} = \gamma_{20} + \gamma_{21} \times lpgdp_j + u_{2j}$$

$$\beta_{3j} = \gamma_{30} + u_{3j}, \ \beta_{4j} = \gamma_{40} + u_{4j}, \ \beta_{5j} = \gamma_{50} + u_{5j}, \ \beta_{6j} = \gamma_{60} + u_{6j}$$

$$\beta_{7j} = \gamma_{70} + u_{7j}, \ \beta_{8j} = \gamma_{80} + u_{8j}, \ \beta_{9j} = \gamma_{90} + u_{9j}$$

其中，个体层面的预测变量包括教育程度、技能培训、进入城市的年龄、迁移范围、性别、婚姻状况、住房属性、社会保障以及家庭经济状况；城市层面的预测变量包括所在城市农民工相对规模、城市购房压力和城市经济发展水平，分别用农民工占常住人口比重、住房均价与人均可支配收入的比值、城市人均 GDP 的对数来衡量；$\gamma_{00} \sim \gamma_{100}$ 为城市层面模型的截距项；γ_{01}、γ_{02}、γ_{03}、γ_{11}、γ_{31} 为变量的待估系数；$u_{0j} \sim u_{10j}$ 为随机误差项。

三、数据来源与变量描述

（一）数据来源

本书采用 2014 年全国流动人口动态监测调查社会融合与心理健康专题数据，该调查采用 PPS 抽样，调查对象为在北京、青岛、厦门、嘉兴、深圳、中山、郑州和成都 8 个城市居住 1 个月及以上的流动人口，样本总量 16000 人，调查数据涵盖家庭情况、就业居住、社会融合和心理健康等方面的详细信息。由于研究的是农民工市民化问题，故剔除了流动人口中的非农户籍样本，选择劳动年龄（男性 16～60 岁，女性 16～55 岁）具有一定工资收入的农民工作为研究对象。由于一些地区进行了户籍制度改革，取消了农业户口，因此，所选样本中也包含了少量持有农业转居民户口的农民工，共计 154 人。同时剔除因婚嫁、学习、培训、探亲而迁移的农民工，只选取务工经商的农民工作为分析样本。去掉关键变量缺失的样本后，得到有效样本 12037 人。城市层面数据均来自各地区相应年份统计年鉴。

（二）变量说明

1. 被解释变量

（1）市民化需求。

市民化需求包括显性需求和潜在需求两类。通常，农民工会综合自身情况及城市相关政策作出是否愿意把户口迁入城市的决策，然而，这一决策往往存在一定的主观性，部分农民工可能具有强烈的落户意愿，但考虑到当前的制度约束或自身能力的可及性，故作出不愿把户口迁入城市的决策，一旦户籍制度放开或其他约束条件破除，这部分农民工极有可能落户城市（即具有潜在市民化需求）。同时，对于那些明确表示愿意落户城市的农民工（即具有显性市民化需求），也应进一步识别其市民化需求的有效性。

具体识别方式如图7.1所示。首先，在调查中明确表示愿意将户口迁入本地的农民工视为具有显性需求，其余农民工进入第二轮识别。其次，将调查中认为自己是属于这个城市的农民工视为具有潜在需求，其余农民工视为无市民化需求，赋值为0。最后，对于具有显性需求和潜在需求的农民工，将调查中认为自己在当前居住地社会地位较高（收入较高、职业较好）者的需求视为有效需求，赋值为1，其余农民工的需求视为无效需求，赋值为0。

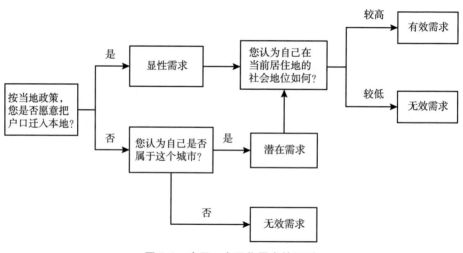

图7.1　农民工市民化需求的识别

（2）市民化供给。

对市民化供给的测度至今尚未形成明确一致的标准。借鉴周密等（2012）的做法，将调查年农民工工资收入高于当年打工城市人均可支配收入的农民工视为具备市民化供给，赋值为1，表示城市愿意给予其市民身份，反之则赋值为0。市民化需求和市民化供给的识别结果如表7.1所示。

表 7.1 市民化需求和市民化供给的识别情况

因变量	观测值	均值	标准差	最小值	最大值
市民化需求	12037	0.4223	0.4939	0	1
市民化供给	12037	0.4998	0.5000	0	1

2. 解释变量

本书选取农民工的人力资本特征（具体包括：受教育年限、技能培训、进入城市的年龄、迁移范围）作为模型的主要解释变量。由于教育是人力资本最重要的组成部分，可用受教育水平衡量劳动者的显性人力资本。随着工作经验的积累，劳动者的人力资本会不断提高（Arrow，1962），故可用工作经验衡量劳动者的隐性人力资本。技能培训则是加速人力资本积累的重要途径，可有效提高劳动者的人力资本水平（游和远等，2013）。本书中的技能培训是指农民工参加的政府提供的、不收取任何费用的各类培训，一方面，包括与就业、职业活动有较大关系的培训，如就业技能培训、实用技术培训、岗位培训、晋升培训等，另一方面，包括其他的生活技能或健康知识培训。

随着我国社会经济的日益发展，人力资本逐渐成为影响农民工市民化的关键因素，已有研究表明，较高的人力资本存量不仅能够促进农民工的户籍转换意愿，也能够提升农民工的职业适应性，使其获得向市民转化的能力（王竹林，2010；秦立建和王震，2014）。然而，也有部分研究提出了不同观点，认为人力资本因素对农民工市民化意愿的影响甚微（黄锟，2011；叶鹏飞，2011），因此人力资本因素在农民工市民化进程中的作用还有待检验。

本书还考察了住房和社会保障特征（如住房属性、社会保障参保情况）对农民工市民化的影响。社会保障参保情况是指农民工是否具有失业保险、城镇职工养老保险或城镇居民养老保险。已有文献指出，住房和社会保障也会对农民工市民化意愿及其市民化进程产生重要作用和影响。有相对固定居所和基本社会保障的农民工居住和生活的稳定性更高，市民化意愿也更强烈

（王桂新和胡健，2015）。不仅如此，本书进一步控制了农民工的性别、婚姻状况、家庭经济状况以及务工所在城市等因素。其中，选取家庭收支余额（即农民工家庭平均每月总收入减去平均每月总支出的差额）现值来衡量农民工家庭的经济状况。

3. 识别变量

联立方程模型的识别问题是不容忽视的，在模型的识别方面，根据罗腾伯格（Rothenberg，1971）提出的一般原则，选用"邻居是否主要是本地人""老家是否有事情让您操心"作为需求方程的识别变量。选用"职业阶层""迁入现居地时间"作为供给方程的识别变量。

对于需求方程的识别变量，邻居是否为本地人一般不会影响农民工的工资收入，但若与市民为邻，则表明其更向往城市生活、更倾向于融入城市，即更具市民化需求。同样，老家是否有事情操心（主要指老家中是否有老人赡养、子女照看、土地耕种等问题需要农民工操心）也不会影响农民工的工资收入，但可能会对农民工市民化需求产生阻碍。

对于供给方程的识别变量，尽管我国的市场化程度在不断提高，但城市劳动力市场的多重二元分割格局仍然存在，不同职业阶层农民工收入差异明显，市民化供给能力相异。借鉴谢桂华（2014）的职业划分方式，将农民工职业分为管理技术类职业和非管理技术类职业两个阶层。管理技术类职业包括国家机关、党群组织、企事业单位负责人、专业技术人员、公务员、办事人员和有关人员，非管理技术类职业包括商业服务业人员、农林牧渔水利业生产人员、生产运输设备操作人员及有关人员、无固定职业和其他不便分类的从业人员，将职业分为两类而不是保留多个类别是为了区分职业地位的差异。农民工迁入现居地的时间能够间接反映农民工的工作经验和社会适应性，迁入现居地的时间越长，农民工定居能力也越强。但农民工对市民的偏好具有稳定性，通常不会随职业阶层的变化以及迁移时间的长短而发生改变。

（三）主要变量的描述性统计

表 7.2 给出了各主要解释变量的定义及描述性统计情况。

表 7.2   **影响农民工市民化的主要变量及描述**

类别	变量	描述	均值	标准差
个人特征	edu	受教育年限（年）	9.9838	2.5390
	training	是否接受过技能培训（1＝是，0＝否）	0.3009	0.2587
	age_m	进入城市的年龄（岁）	24.1552	7.6792
	mig	迁移范围（1＝跨省迁移，0＝省内迁移）	0.5316	0.4990
	house	住房属性（1＝租住私房或自购住房，0＝其他）	0.7836	0.4118
	security	是否有社会保障（1＝有，0＝无）	0.3460	0.2757
	gender	性别（1＝男性，0＝女性）	0.5824	0.4932
	mar	婚姻状况（1＝已婚，0＝其他）	0.7167	0.4506
	balance	家庭经济状况（元）	2773.6880	1894.0040
	neighbor	邻居是否主要是本地人（1＝是，0＝否）	0.2021	0.2016
	homediff	老家是否有事情让您操心（1＝是，0＝否）	0.7917	0.4061
	voca	职业阶层（1＝管理技术类职业，0＝非管理技术类职业）	0.0751	0.0636
	mig_time	迁入现居住地时间（年）	5.1028	4.3450
城市特征	fp_prp	农民工相对规模（%）	0.3742	0.1511
	hp_pcdi	城市购房压力（%）	0.3780	0.2031
	pgdp	城市经济发展水平（万元）	8.9851	2.2277

由表 7.2 可以看出，在个人特征方面，农民工整体受教育程度以初中为主，平均受教育年限约为 9.98 年，这表明目前农民工的教育水平依然较低。接受过技能培训的农民工占样本总量的 30.09%，农民工进入城市时的平均年龄约为 24 岁，53.16% 的农民工为跨省迁移，有相对固定居所的农民工占

78.36%，有社会保障的农民工占 34.60%，男性农民工占 58.24%，已婚农民工占 71.67%，农民工家庭平均收支余额约为 2774 元。此外，20.21% 的农民工与本地人为邻，79.17% 的农民工老家中有事情需要操心，仅有 7.51% 的农民工从事管理技术类职业，农民工迁入现居地的平均时间约为 5 年。在城市特征方面，农民工占常住人口比重为 37.42%，住房均价占人均可支配收入的比例为 37.80%，城市人均 GDP 均值约为 9 万元。

第三节　农民工市民化程度及影响因素分析

一、需求方程估计结果

运用样本数据，对需求可识别双变量 Probit 模型进行估计，结果如表 7.3 所示。从需求方程的估计结果来看，教育程度、技能培训、住房属性、婚姻状况、家庭经济状况、是否与本地人为邻、老家是否有事操心等因素均显著影响农民工的市民化需求。

表 7.3　　　　　　　需求可识别双变量 Probit 模型的估计结果

变量	供给方程		需求方程	
	估计系数	标准差	估计系数	标准差
edu	0.0589 ***	0.0056	0.0308 ***	0.0050
training	0.0311	0.0288	0.1249 ***	0.0273
age_m	− 0.0103 ***	0.0017	0.0002	0.0016
mig	0.0668 *	0.0345	− 0.0517	0.0322
house	0.2893 ***	0.0313	0.1023 ***	0.0296

续表

变量	供给方程		需求方程	
	估计系数	标准差	估计系数	标准差
security	0.0901 ***	0.0283	0.0377	0.0264
gender	0.6595 ***	0.0254	0.0371	0.0236
mar	0.1599 ***	0.0377	0.1178 ***	0.0317
lbalance	0.3943 ***	0.0305	0.0974 ***	0.0140
neighbor	—	—	0.1477 ***	0.0303
homediff	—	—	− 0.1078 ***	0.0291
voca	0.3264 ***	0.0511	—	—
mig_time	0.0140 ***	0.0031	—	—
city	控制	控制	控制	控制
常数项	− 4.5430 ***	0.2462	− 1.4089 ***	0.1344
rho	0.1244 ***	0.0159	—	—
最大似然函数值	− 15036.478			
观测值	12037			

注：*、** 和 *** 分别表示在10%、5%和1%水平上显著。

第一，人力资本方面，教育程度和技能培训显著影响农民工的市民化需求。教育程度越高，农民工市民化需求越大。究其原因，不同教育程度农民工对城市认识程度不同，教育程度高的农民工对自身期望也更高，有更为强烈的留城取向。同时，由于受教育程度高的农民工通常具备较强的物质资本获取能力，其心理迁移成本相对较低。参加过技能培训的农民工市民化需求更高，这是由于参加技能培训可以提升农民工在城市的生活能力和就业竞争力，使农民工能够迅速积累融入城市所需的人力资本，进而增强其向市民转化的意愿。进入城市的年龄及迁移范围对农民工市民化需求的影响并不显著。第二，住房属性显著影响农民工市民化需求。良好的居住环境可以增强农民工在城市的归属感，因而其市民化意愿也更强烈。第三，控制变量方面，除性别影响不显著外，婚姻状况、家庭经济状况均对农民工市民化需求产生显著影响。已婚、家庭经济状况好的农民工，其市民化需求更高。已婚农民工可能更想要在迁入城市安定下来，而优越的家庭经济条件能够让农民工支付得起在城市生活所需的各种成本，更好地融入城市。第四，与本地人为邻的农民工以及老家无事操心的农民工具有更高的市民化需求。可能的解释是，与本地人为邻的农民工无论在生活还是工作信息获取上，都与本地人享有相对平等的机会，这有利于农民工穿越"隐形户籍墙"（周密等，2012）。老家中老人赡养、子女照看、土地耕种等问题无疑会增加农民工在城市生活的心理调适成本，弱化其市民化发展意愿，相反，若老家中无事挂碍，一方面可以降低农民工市民化的心理成本，另一方面也可以增强其适应城市生活的可能性。

二、供给方程估计结果

供给方程的估计结果显示，教育程度、进入城市的年龄、迁移范围、住房属性、社会保障、性别、婚姻状况、家庭经济状况、职业阶层和迁入现居地的时间均显著影响农民工的市民化供给。

第一，在人力资本方面，教育程度、进入城市的年龄及迁移范围对农民工市民化供给具有显著影响。教育程度越高，农民工市民化供给越强，这是因为教育程度高的农民工更容易跨越市民化的最低门槛。农民工进入城市的年龄每增加1岁，其市民化供给将下降1.03个百分点。这是由于政府对其给予户籍身份的农民工有年龄上的要求，故进入城市的年龄越大，其市民化供给越低。与跨省迁移农民工相比，省内迁移农民工具有更高的市民化供给。这表明农民工在本省范围内迁移具有明显的优势，更容易实现市民化。值得一提的是，技能培训对农民工市民化供给的影响并不显著。由于数据所限，本书采用的技能培训是指政府提供的免费技能培训，虽然包括就业技能、实用技术、岗位及晋升培训，但政府提供培训的目的可能更多是出于劳动力的需要，而非市民化的需要，故政府提供的免费技能培训无法对农民工市民化供给产生显著影响。第二，住房属性和社会保障显著影响农民工市民化供给。相对固定居所和基本社会保障可以提升农民工抵御风险的能力，使农民工在居住、生活上的稳定性更高，更容易融入城市社会，因而市民化供给较强。第三，控制变量方面，性别、婚姻状况以及家庭经济状况均显著影响农民工市民化供给。男性、已婚农民工具有更高的市民化供给，家庭经济状况好的农民工具备市民化供给的经济基础，更有能力在城市定居。第四，职业阶层越高、迁入现居地时间越长的农民工越可能具有成为市民的能力。职业阶层高的农民工工资收入较高，社会地位也较高，具有一定的城市关系网格，更有能力定居城市。农民工在城市居住的时间越长，跟当地居民的交往越密切，这使其在促进职业转换、提高职业阶层等方面具有更多的信息，进而更具市民化供给。

作为供给方程的一个回归元，rho 值在 1% 的统计水平下显著，表明需求方程显著影响供给方程，存在样本选择偏差问题，故本书采用需求可识别双变量 Probit 模型进行系统估计是正确的。

三、农民工市民化程度预测结果

通过对模型预测可知，农民工总体市民化程度仅为 46.05%，市民化水平较低。为进一步考察农民工市民化的城市差异，本书根据城市化水平及经济发展水平将农民工务工城市划分为三类，即一线城市（北京和深圳）、二线城市（青岛、厦门、郑州和成都）和三线城市（嘉兴和中山）。其中，一线城市农民工 2419 人，占样本总数的 20.10%；二线城市农民工 6429 人，占样本总数的 53.41%；三线城市农民工 3189 人，占样本总数的 26.49%。通过进一步预测发现，农民工市民化程度二线城市最高、三线城市次之、一线城市最低,分别为48.06%、45.69%和42.42%,具体预测结果如表7.4所示。可能的解释是,相比一线、三线城市,二线城市工业、现代服务业发展迅速,仍需要大量劳动力,对农民工进城、市民化大多采取鼓励的办法,故市民化供给较高;二线城市经济水平比三线城市发达,生活压力比一线城市小,故市民化需求也较高。进一步地,城市间农民工市民化程度的差异,可能是由农民工的个体特征差异所造成的,也可能是由城市异质所导致的。与此同时,在不同的城市,农民工的个体特征也可能会受到当地社会经济特征的影响,而对其市民化起到不同的作用。那么,城市因素对农民工市民化程度究竟产生了怎样的影响?对农民工个人层面因素又产生了怎样的作用?为深入了解造成城市间农民工市民化程度差异的原因,故采用HLM模型对农民工市民化程度进行分解。

表7.4　　　　　　　　　市民化程度的预测结果　　　　　　单位: %

市民化程度	总体	一线城市	二线城市	三线城市
$\Pr(y_d = 1 \mid y_s = 1)$	46.05	42.42	48.06	45.69

第四节　农民工市民化程度的城市异质性考察

HLM模型将农民工市民化程度差异分解为个体层面和城市层面两部分,具体回归结果如表7.5～表7.7所示,本书重点就城市变量对农民工市民化程度的影响以及城市变量对个体变量的调节效应进行分析。

表7.5　　　　　　　　　零模型回归结果: 固定效应

项目	系数	标准误
平均市民化程度（γ_{00}）	0.4605	0.0090

表 7.6 零模型回归结果：随机效应

项目	方差成分	占总方差的份额（%）	自由度	χ_2	p 值
城市效应（u_0）	0.0272	30.22	7	1803.1980	0.000
个体效应（r）	0.0628	69.78			

表 7.7 农民工市民化程度的多元线性模型回归结果

变量		回归系数	标准差	p 值
平均市民化程度	截距	0.4605 ***	0.0080	0.000
	城市农民工相对规模	− 0.0076	0.0427	0.867
	城市购房压力	− 0.0720 **	0.0214	0.039
	城市经济发展水平（对数）	0.0037	0.0325	0.915
受教育年限	截距	0.0101 ***	0.0002	0.000
	城市经济发展水平（对数）	0.0012 *	0.0006	0.071
技能培训	截距	0.0466 ***	0.0013	0.000
	城市经济发展水平（对数）	0.0105 **	0.0039	0.036
进入城市的年龄	截距	0.0004 ***	0.0001	0.000
迁移范围	截距	− 0.0234 ***	0.0017	0.000
居住环境	截距	0.0282 ***	0.0016	0.000
社会保障	截距	0.0271 ***	0.0013	0.000
性别	截距	− 0.0032 ***	0.0007	0.002
婚姻状况	截距	0.0228 ***	0.0016	0.000
家庭经济状况	截距	0.0278 ***	0.0006	0.000

注：* 、** 和 *** 分别表示在 10% 、5% 和 1% 水平上显著。

一、农民工市民化差异的分解

零模型的回归结果如表 7.5 和表 7.6 所示，在方差成分中，模型估计得到的个体层面方差为 0.0628，城市层面方差为 0.0272（p ＜ 0.001），这意味着城市间农民工市民化程度存在显著性差异。进一步计算可知，零模型的跨级相关系数 ICC 为 30.22% [ICC = $\tau00/(\tau00 + \sigma2)$ = 0.0272/(0.0272 + 0.0628) = 0.3022]，表明农民工市民化程度因城市而异，且农民工市民化程度总体变异中的 30.22% 是由于城市之间的差异引起。城市因素对农民工市民化程度的影响虽不如个体因素的影响大（69.78%），但也具有相当的解释力。因此，需深入考察城市特征影响农民工市民化程度的作用机制。此外，根据科恩（Cohen，1988）建立的判断准则，当 ICC 大于 0.059 时就需要在统计建模处理中考虑如何处理组间效应，因而采用 HLM 模型进行分析是合理的（张雷等，2003）。

二、迁移选择对农民工市民化的影响机制

完整模型的估计结果如表 7.7 所示，研究表明，城市特征影响农民工市民化程度的路径主要有两条。

（一）城市特征可直接影响农民工的平均市民化程度

城市购房压力与农民工市民化程度具有较强的负相关性（系数值为 -0.0720，且在 5% 的统计水平下显著），即购房压力越大（住房均价与人均可支配收入的比值越高）的城市农民工市民化程度越低。住房均价与人均可支配收入比越高的城市，农民工市民化过程中所要支付的成本越高，所以农民工更愿意到大城市赚钱，去小城镇定居，这种现状对农民工的市民化形成阻滞。城市经济发展水平与农民工市民化程度具有正相关性（系数值为 0.0037），城市农民工相对规模（农民工占常住人口比重）对农民工市民化程度的影响是负向的（系数值为 -0.0076），即经济发展水平越高的城市市民化程度越高，农民工相对规模越高的城市市民化程度越低，但均不显著，这也反映出农民工市民化已趋于理性。

（二）城市特征对个体层面变量具有调节效应

城市特征对农民工市民化程度的影响还体现在对个体变量的调节效应上。城市经济发展水平可以较为明显地强化人力资本与农民工市民化程度之间的正向关联，也就是说，越是在经济发展水平高的城市，人力资本对农民工市民化程度的影响越大。具体而言，教育程度越高的农民工，其市民化程度也越高，但在不同的城市，教育程度与农民工市民化之间的关联强度存在差异。从模型结果来看，城市经济发展水平（系数值为 0.0012，在 10% 的统计水平下显著）可以较为明显地强化教育程度和农民工市民化程度之间的正向联系（系数值为 0.0101），即城市经济发展水平可能会提升受教育程度高的农民工的市民化程度。类似地，城市经济发展水平（系数值为 0.0105，在 5% 的统计水平下显著）也可以较为显著地强化技能培训和农民工市民化程度之间的正向相关（系数值为 0.0466）。

第五节　本章小结

本章利用 2014 年全国流动人口动态监测调查社会融合与心理健康专题数据测度了我国农民工的市民化程度并量化分析了造成农民工市民化差异的原因，通过研究发现：第一，我国农民工市民化程度较低，仅为 46.05%。在需求侧，提升教育程度、参加技能培训、改善居住环境可以增强农民工的市民化意愿；在供给侧，教育程度高、进入城市早、省内迁移、具有相对固定居所和基本社会保障的农民工市民化供给更强。第二，我国农民工市民化程度因城而异，城市异质所导致的市民化差异达到 30.22%。城市因素不仅可以直接影响农民工平均市民化程度，还可结构性地调整农民工个体特征与其市民化程度之间的关联强度。例如，城市购房压力的增大可直接降低农民工的市民化程度，城市经济发展水平可较为明显地增强教育程度、技能培训与农民工市民化程度之间的正向关联。综合供需两方面的分析结果及城市层面因素的考察，提升农民工市民化水平的关键在于为农民工树立人力资本培养意识、提供稳定居所和社会保障，以及鼓励就近就地迁移。

从研究中我们得到如下启示：一是要让农民工充分认识到人力资本的重要性，不断积累社会发展所需的知识和技能，使自己的人力资本得到增值。二是要加快完善"租购并举"的住房制度，满足农民工的住房需求，让农民工进得了城，也能安定下来。进一步地，使有意愿、有能力长期定居的农民工获得固定居所，以实现永久性迁移。三是建立覆盖农民工的社会保障和公共服务制度，逐渐消除农民工与市民之间公共服务的歧视性差异。四是提升中小城市经济发展水平，强化产业发展，鼓励农民工就近就地市民化。此外，在农民工落户问题上，政府不能只考虑精英落户，更要全方位考虑人才属性；不能仅考虑短期成本，更要考虑人口红利和远期收益。只有给予农民工足够的关注和待遇，免除其后顾之忧，才能使农民工更好地融入城市，为城市做出自身的贡献。

第八章

结论与启示

农民工迁移的人力资本效应体现在两个方面：一是农民工迁移的人力资本配置效应，即农民工可以通过迁移使其既有人力资本得到优化配置，从而获得更高的教育回报；二是农民工迁移的人力资本投资效应，即农民工可以通过迁移改变其对教育重要性的认识，从而更加重视人力资本投资，不但包括对自身的培训投资，也包括对子女的教育投资。本书在系统回顾相关理论的基础上，细致梳理了农民工迁移对人力资本配置及人力资本投资的影响机理和作用路径，构建了农民工迁移人力资本效应的理论逻辑与分析范式，并利用国家卫生健康委"流动人口动态监测调查"数据、上海财经大学"外出务工人员流动情况与影响因素综合调查"数据以及中国人民大学"中国教育追踪调查"数据实证检验了农民工迁移的人力资本效应。同时，运用处理效应模型、PSM 模型以及两部分模型纠正样本中可能存在的选择偏差，使得研究结论更加可靠。具体而言，本书的研究主要包括以下四个方面：第一，迁移如何影响农民工既有人力资本；第二，迁移如何影响农民工自身人力资本投资；第三，迁移如何影响农民工家庭人力资本投资；第四，农民工迁移所带来的人力资本效应产生了怎样的宏观影响。通过对上述问题的理论机理分析和实证检验，本书得到下述结论与政策启示。

第一节　主 要 结 论

一、关于农村劳动力学历教育优化配置

农民工迁移可以使其既有人力资本得到优化配置，即农民工可以通过合理地迁移和流动使其获得更高的教育回报。第一，农民工可以通过迁移来优化其教育回报。与本地农民工相比，外出农民工虽然整体受教育程度低，但却获得了更高的教育回报。考虑了可能存在的"选择偏差"后，迁移对农民工教育回报的优化效应依然存在，且更为显著。第二，教育程度不同，迁移对农民工教育回报的优化效应有所不同。对小学及以下学历农民工而言，外出农民工的教育回报率与本地农民工相差甚微；而对初中及以上学历农民工来说，外出农民工的教育回报率显著高于本地农民工，可见，迁移对农民工教育回报的优化效应存在门槛值，只有达到一定的教育程度，农民工才能通过迁移获得更高的教育回报。第三，务工城市不同，迁移对农民工教育回报的优化效应有所不同。大城市农民工整体的教育回报水平高于中小城市，但具体到城市内部，无论是在大城市还是中小城市，外地农民工的教育回报率

均高于本地农民工。即在剥离了城市层面的因素后，迁移对农民工教育回报的优化效应依然存在。在大城市，迁移对农民工教育回报的优化效应表现得更为显著。

二、关于农村劳动力技能培训投资

迁移不仅可以使农民工既有人力资本得到更有效地利用，还可以使农民工更加重视自身人力资本的投资，进而促进其人力资本的形成。技能培训作为一种更灵活、更实用的人力资本投资形式，更容易使农民工的知识和技能转化为现实生产力，从而更有效地提升其人力资本水平，因此在推动农民工收入增长中发挥着重要作用。本书的研究表明，农民工技能培训存在增收效应，但增收效应因培训类型而异。农民工个人自费参与的社会培训增收效应最为显著，企业培训增收效应次之，政府培训的增收作用则不理想。社会培训和企业培训对农民工收入增加效果显著是因为两类培训的专业性和针对性更强，尤其是个人自费参与的社会培训，是农民工按照自身所需来进行选择的培训，对其形成专用性人力资本的作用更大，而专用性人力资本在特定工作岗位上通常能获得更高的回报。供需规模及供需结构失衡则是造成政府培训增收效果不理想的重要原因。政府培训更接近于就业前的引导性培训，虽然能提供一些必要的基本技能，但缺乏实际应用价值，农民工通过培训获得的技能与劳动力市场需求脱节，因此在改善个人收入和就业状况上很难产生效果。不仅如此，农民工技能培训的增收效应还具有迁移异质性，跨地区迁移农民工参与技能培训的增收效果显著好于本地迁移农民工。然而，不同类型培训在不同迁移选择下的增收效应又不尽相同。对跨地区迁移农民工而言，参与企业培训和个人自费参与社会培训均能使其收入得到有效提升，且个人自费参与社会培训增收效应优于企业培训。对于省内迁移农民工而言，仅参与企业培训就能获得增收效应。政府培训对两类农民工均无显著的增收效应。

三、关于农村劳动力家庭教育投资

对于已婚已育的农民工而言，其人力资本投资不仅体现在对自身的培训投资上，还体现在对子女的教育投资上。一方面，劳动者的迁移特征可直接影响子女的随迁就学决策；另一方面，迁移作为一种人力资本投资方式，可以使农民工教育意念和观念发生改变，更加重视对下一代的教育。具体而言，第一，子女是否随迁就学在很大程度上受制于劳动者迁移的距离。与跨省迁移的农村劳动力相比，省内跨市迁移和市内跨县迁移的农村劳动力子女随迁就学的概率显著增加，且迁移距离越近，子女随迁就学的概率越高。第二，与夫妻中仅有一方外出务工相比，夫妻双方共同外出务工显著增加了子女随迁就学的概率。第三，农村劳动力迁入城市的时间显著增加了子女随迁就学的概率，且迁入城市的时间越久，子女随迁就学的概率越大。第四，举家迁移农民工家庭在子女教育投资方面显著优于独自迁移的农民工家庭。

四、关于农村转移劳动力市民化推进

农民工市民化具有牵动整个社会经济发展神经的全局意义，其所带来的人力资本投资的增加进而促进人力资本存量的扩张效应难以估量。在我国的现实国情下，农村人口向城市地区大规模迁移特别是农民工市民化，将是"十三五"期间乃至未来相当长一段时间促进我国城市经济发展从而带动经济发展方式转变的一条基本路径。从更深层次来看，农民工市民化还是推动我国由数量型"人口红利"向质量型"人力资本红利"转变的重要力量。研究发现，一方面，我国农民工市民化程度较低，仅为46.05%。在需求侧，提升教育程度、参加技能培训、改善居住环境可以增强农民工的市民化意愿；在供给侧，教育程度高、进入城市早、省内迁移、具有相对固定居所和基本

社会保障的农民工市民化供给更强。另一方面，我国农民工市民化程度因城而异，城市异质所导致的市民化差异达到 30.22%。城市因素不仅可以直接影响农民工平均市民化程度，还可结构性地调整农民工个体特征与其市民化程度之间的关联强度。如城市购房压力的增大可直接降低农民工的市民化程度，城市经济发展水平可较为明显地增强教育程度、技能培训与农民工市民化程度之间的正向关联。

第二节 政策启示

一、统筹施策促进农村劳动力合理有序流动

农民工的迁移与流动对教育回报的提升具有显著的促进作用，这种促进作用不仅体现在个体层面，更对整个社会的人力资本积累与经济效率提升有着深远影响。

（一）破除劳动力流动制度性障碍，优化人力资本配置环境

研究发现，迁移能显著提升农民工教育回报，这就要求各地政府加快推进户籍制度改革，打破城乡二元结构壁垒，消除针对农民工的就业歧视与公共服务差异。应建立全国统一的劳动力市场信息平台，整合各地就业岗位、薪资待遇、技能需求等数据，为农民工提供精准的就业信息服务，降低其信息搜寻成本。同时，完善劳动权益保障机制，规范企业用工行为，确保农民工在工资支付、劳动保护、社会保障等方面与本地劳动者享有同等权益，让农民工能够在自由、公平的环境中通过合理迁移实现人力资本的优化配置，获取更高的教育回报。

（二）加强农村基础教育投入，提升劳动力迁移回报潜力

鉴于迁移对农民工教育回报的优化效应存在门槛值，政府需加大对农村基础教育的投入力度，尤其是针对小学及以下学历农民工群体的提升工作。在农村地区，通过新建、改建学校，改善教学设施，提高师资待遇等方式，吸引优秀教师扎根农村，提升农村基础教育质量。同时，开展面向农村适龄儿童和青少年的职业启蒙教育，将职业技能培养与基础教育相融合，增强其学习动力和职业规划意识。此外，针对已进入劳动力市场的低学历农民工，可设立专项教育基金，鼓励其参加成人教育、夜校等形式的学历提升课程，帮助更多农民工突破教育门槛，使其在迁移过程中能够充分发挥迁移对教育回报的优化效应，获得更高的经济收益。

（三）引导农民工合理有序流动，促进区域协调发展

由于务工城市不同，迁移对农民工教育回报的优化效应存在差异，政府应加强对农民工流动的引导。一方面，鼓励中小城市出台优惠政策，如提供住房补贴、创业扶持等，吸引农民工流入，带动中小城市产业发展，缩小与大城市的发展差距，缓解大城市人口过度集中的压力；另一方面，大城市要进一步完善产业配套政策，引导农民工向高端制造业、现代服务业等领域流动，发挥大城市在技术创新、产业集聚等方面的优势，提升农民工在大城市的教育回报水平。同时，加强区域间的产业合作与协同发展，促进劳动力在不同规模城市间的合理分布，实现区域间劳动力资源与产业发展的有效匹配，既让农民工获得更高的教育回报，又推动区域经济协调发展。

二、构建农村劳动力技能培训长效机制

当前，我国农民工职业能力培养机制还不够完善，在农民工职业能力培

养中，存在政府角色错位、职责不明晰等一系列问题，因此，需要构建农民工技能培训长效机制，以推动我国农民工职业能力培养工作的发展。

（一）农民工技能培训应以劳动力市场需求为导向

农民工技能培训应针对劳动力市场需求作出从形式到内容的合理安排。在培训的需求侧，应鼓励农民工自费参加一些专业性和针对性较强的社会培训，以快速适应劳动力市场的技能需求；在培训的供给侧，应鼓励培训机构设置与农民工技能培训需求高度匹配的专用性技能培训，充分考虑农民工的主体需求，同时，鼓励企业对各技能层次的农民工进行差异化培训，促进培训机会均等化。除此之外，根据劳动力市场需要，推行技能培训证书制，并且，强化技能培训证书在劳动力市场中的"门槛"作用，以适应经济发展对劳动力素质和能力的需要（刘方涛和程云蕾，2015）。

（二）政府应在农民工技能培训中发挥主导作用

政府的角色可以由培训提供者转变为培训出资者、支持者和监管者。一方面，政府可对农民工自费培训给予一定的资金补贴，对培训机构和企业给予相应的政策支持并定期进行科学评估及有效监管，以不断改进培训供给模式，充分发挥技能培训在农民工收入增长中的重要作用。另一方面，政府应在战略层面进行谋划，从制度上进行顶层设计，制定和完善农民工技能培训的激励政策，充分调动各类主体的积极性。此外，政府应提供一个规范的农民工技能培训平台，建立完善的培训信息系统，通过培训信息、培训场地的聚集等方式减少农民工培训的交易成本，减少因市场供需信息不畅导致的农民工自我投资不足（安海燕和钱文荣，2015）。

（三）以提升农民工人力资本为目标的技能培训应继续坚持

随着我国新型城镇化的不断推进，越来越多的农村劳动力迁入城市，并在城市中逐渐稳定下来，但农民工群体在城市的边缘化状态并未随之改善，这是因为农民工自身的综合素质和人力资本质量没有得到全面提升。因此，从长期来看，以提升农民工人力资本为目标的技能培训应继续坚持。一方面，应对农民工群体开展有效提升其综合素质能力的培训，为农民工今后能够真正融入城市社会生活打下坚实的基础（程云蕾，2013）；另一方面，应对农民工群体开展有效提升其技能水平的培训以增强其就业能力和创业水平。加强以提升农民工人力资本为目标的技能培训，不仅对农民工自身具有重要作用，也对我国形成新的人力资本红利、实现经济可持续增长具有积极意义。

三、重视农村劳动力子女教育

由"家庭式"流动而产生的农民工子女教育问题近年来已成为社会关注的焦点问题，国家针对农民工子女出台了一系列关爱政策，尤其是教育方面，即便如此，农民工子女教育问题依然是现阶段我国教育的难点和薄弱环节，因此，要重视农民工子女教育，做到以人为本，公平、公正地对待并抓好落实，以确保农民工子女教育问题得到最为妥善的解决。

（一）建立与人口流动相匹配的教育资源配置模式

在我国教育资源配置存在巨大地区差异且存在严重供给结构失衡的情况下，首先，应鼓励人口流入地区接纳农民工随迁子女，并设立随迁子女义务教育专项资金。其次，政府应根据各地人口流入压力调整农村劳动力随迁子女的就学门槛，在人口压力较小或高考移民不严重的地区适当放宽随迁子女入学要求。再次，对教育发展水平相对落后的人口输出地区，政府应给予补偿性的倾斜政策（张锦华，2008）。最后，对不同地区的教育投入也应各有侧重。人口输出地应重点提升教师教育教学水平并加强先进教学设备投入力度，通过提高输出地教育水平防止人口过度流动；人口流入地应重点扩大校舍规模并提升师资数量，依据儿童流动状况及时调整教育资源和教育经费的配备；对超大城市和义务教育资源承载力短缺的特大城市，进一步加大基础教育投入力度，对流入儿童较多的地区有所侧重，以缓解城市内部的教育压力（刘静和沈亚芳，2017）。

（二）拓宽农民工随迁子女"初中后"教育出路

一直以来，农村外出劳动力随迁子女在异地接受高中教育面临巨大的体制障碍。随着我国教育制度的不断改革及教育政策的不断完善，部分省（市）逐步放宽随迁子女异地接受高中教育的条件。近几年，完成和即将完成义务教育的随迁子女数量庞大且呈现持续增长的态势，未来一段时间，在迁入地继续接受更高阶段教育将成为随迁子女义务教育后的主要诉求，因此，有必要创新义务教育后招生制度，拓宽农民工随迁子女"初中后"的教育出路。具体而言，鼓励流入地城市向农民工随迁子女开放中等职业教育，并使进入中等职业学校的贫困农民工随迁子女平等享受职业教育助学金，增加农民工随迁子女"初中后"的选择机会。同时，充分发挥流入地城市所属成人教育组织的作用，招收农民工随迁子女就学，保证这部分农民工随迁子女利用成人教育组织进行中等教育（袁振国等，2012）。

四、立足城市差异制定农民工市民化政策

（一）多维度提升农民工市民化意愿，激发内在动力

针对需求侧提升农民工市民化意愿的关键因素，政府应构建完善的教育培训体系，设立农民工职业技能培训专项资金，依据市场需求开设多样化的技能培训课程，涵盖新兴产业所需的数字化技能、智能制造技术等，帮助农

民工提升就业竞争力，增强其在城市扎根的信心；在教育提升方面，联合高校、职业院校推出成人学历教育项目，为农民工提供学历晋升通道，提高其社会认同感。同时，加大保障性住房建设力度，通过公租房、廉租房、共有产权房等多种形式，降低农民工居住成本；完善住房租赁市场监管，保障农民工住房权益，改善居住环境。此外，开展城市文化融入活动，如组织社区文化节、市民素养培训等，帮助农民工了解城市生活规则与文化习俗，消除心理隔阂，提升对城市的归属感与融入意愿。

（二）强化政策扶持，增强农民工市民化供给能力

在供给侧，政府需出台针对性政策，鼓励农民工提升自身素质与条件以增强市民化供给能力。对于教育程度较低的农民工，提供学费补贴、学习时间灵活安排等支持，推动其参与继续教育；针对进入城市较早的农民工，建立"老带新"帮扶机制，帮助其更快适应城市工作与生活，同时给予职业发展指导，助力其在城市实现长期稳定就业。对于省内迁移的农民工，加强省内城市间的政策协同，实现社保、就业等公共服务的无缝衔接；鼓励企业为省内迁移农民工提供岗位培训与晋升机会。在住房与社会保障方面，简化农民工申请基本社会保障的流程，扩大社保覆盖范围；对有相对固定居所的农民工，在购房、落户等方面给予政策倾斜，如降低首付比例、提供落户绿色通道等，切实增强农民工市民化供给能力。

（三）因地制宜制定差异化政策，应对城市异质性影响

鉴于城市因素对农民工市民化程度影响显著且差异较大，各地政府需立足自身实际，制定差异化政策。对于购房压力大的城市，一方面加大保障性住房建设力度，探索共有产权房、租购同权等政策，缓解农民工购房压力；另一方面，加强房地产市场调控，稳定房价，抑制投机性购房行为。对于经济发展水平较高的城市，应进一步优化产业结构，创造更多中高端就业岗位，

吸引高技能农民工流入；同时，强化教育、技能培训与就业市场的对接，充分发挥经济发展对农民工市民化的促进作用，增强教育程度、技能培训与市民化程度之间的正向关联。此外，各城市之间应加强交流合作，共享农民工市民化的经验与政策成果，共同探索适应不同城市特点的市民化路径，缩小城市间市民化程度差异，推动全国范围内农民工市民化进程均衡发展。

第三节 进一步讨论

城乡融合发展是中国式现代化的必然要求。《中共中央关于进一步全面深化改革、推进中国式现代化的决定》（以下简称《决定》）提出，"必须统筹新型工业化、新型城镇化和乡村全面振兴，全面提高城乡规划、建设、治理融合水平，促进城乡要素平等交换、双向流动，缩小城乡差别，促进城乡共同繁荣发展。"《决定》对完善城乡融合发展体制机制作出部署，明确了健全推进新型城镇化体制机制的重大改革举措。继《决定》提出健全推进新型城镇化体制机制并部署相关举措后，国务院印发《深入实施以人为本的新型城镇化战略五年行动计划》（以下简称《行动计划》），提出未来五年实施以人为本的新型城镇化战略的目标任务，指出"推进城镇化应把关注点放在人的城镇化上"，以"人的城镇化"促进"人的现代化"，进一步为加快城乡融合发展指明了前进方向和目标、提供了根本遵循和指引。"城乡"是人类生产生活的两大空间形态，"融合"二字体现了城乡互融互促、差距逐步缩小的过程。城乡融合发展的关键在"融合"，因此，要把"城"和"乡"作为一个整体来进行战略谋划和统筹布局，促进形成城乡融合发展尤其是"人的融合"发展的新格局。因此，应坚持城乡协同，高质量推进农业转移人口市民化和乡村人才引育。

第一，高质量推进农业转移人口市民化。高质量推进农业转移人口市民化，需要进一步深化城乡户籍制度和社会保障制度改革。对此，《决定》提出"全面取消在就业地参保户籍限制""推行由常住地登记户口提供基本公共服务制度"，《行动计划》再次强调"以进城农民工及其随迁家属为重点、兼顾城市间流动人口，进一步拓宽城镇落户渠道，推动符合条件的农业转移人口社会保险、住房保障、随迁子女义务教育等享有同迁入地户籍人口同等权益"，以期让落户限制更少、教育供给更足、住房保障更多、社保更加健全、公共服务更便利、就业机会更丰富。随着基本公共服务与户籍的逐步脱钩，无论是进城还是返乡，人们都可以根据自身需求和实际情况"留下来"，这也是城乡融合的应有之义。但从农民工子女教育问题来看，对于"推行由常住地登记户口提供基本公共服务制度"在部分超大和特大城市如何落地依然是一个值得关注的问题，如何公平合理地分担市民化成本以及如何有序引导城乡人口双向流动仍值得进一步深入研究。

第二，高质量推进乡村人才引育。高质量推进乡村人才引育，需要健全人才入乡激励机制、乡村人才回引培养机制、城乡人才合作交流机制。长期以来，乡村劳动力大量外流，与实施乡村振兴战略不相适应。补齐人才短板，必须强化乡村人才引育，构建人才引进与自主培养相结合、学历教育与技能培训并重的乡村人才培养体系，让更多优秀人才投入到乡村振兴中，开创人才返乡入乡兴乡的良好局面。截至 2022 年底，全国返乡入乡创业人员数量累计达 1220 万人。大学毕业生到乡、能人回乡、农民工返乡、企业家入乡，各类人才投身乡村，乡村产业发展动能持续增强。下一步，应着力推进城市优质要素尤其是人才资源持续入乡返乡，并与乡村劳动力、土地、生态资源等有机融合，形成乡村的资源禀赋优势，不仅能让入乡返乡人才"留得住、有保障、干得好"，顺利融入乡村社会，也能实现农村劳动力的合理配置和农业向现代化方向发展。

第三，加快引导城市工商资本下乡，充分发挥其积极作用。随着城市居民对乡村绿水青山、民俗文化的向往，农业领域对工商业资本的吸引力也在逐步攀升。在城市的工商业资本寻求资金增值途径的过程中，应积极引导其转向具有发展潜力且相对稳健的农业领域。同时，通过转包和租赁推进土地流转和集中，在实现土地规模经济的基础上发展现代农业。一方面，适当延长土地承包期，鼓励工商资本对农业进行长期投资；另一方面，推进"两权"即土地承包权和宅基地使用权抵押改革，特别是扩大宅基地使用权作为抵押物的流转变现范围，从而拓宽务农大户和农业企业的融资渠道，为实现土地规模经营提供充足的资金支持。

参考文献

［1］安海燕、钱文荣，2015：《农民工人力资本、社会资本投资行为影响因素分析》，《农业现代化研究》第 2 期。

［2］白菊红，2004：《农村人力资本积累与农民收入研究》，中国农业出版社。

［3］白菊红、袁飞，2003：《农民收入与农村人力资本关系分析》，《农业技术经济》第 1 期。

［4］蔡昉，1997：《劳动力流动、择业与自组织过程中的经济理性》，《中国社会科学》第 4 期。

［5］蔡昉，2000：《中国二元经济与劳动力配置的跨世纪调整——制度、结构与政治经济学的考察》，《浙江社会科学》第 5 期。

［6］蔡昉，2001：《劳动力迁移的两个过程及其制度障碍》，《社会学研究》第 4 期。

［7］蔡昉，2003：《城乡收入差距与制度变革的临界点》，《中国社会科学》第 5 期。

［8］蔡昉，2009：《未来的人口红利——中国经济增长源泉的开拓》，《中国人口科学》第 1 期。

［9］蔡昉，2010：《城市化与农民工的贡献——后危机时期中国经济增长潜力的思考》，《中国人口科学》第 1 期。

［10］蔡昉，2013：《中国经济转折点之后的就业挑战》，《经济研究信息》第 4 期。

［11］蔡昉、王德文，1999：《中国经济增长可持续性与劳动贡献》，《经济研究》第 10 期。

［12］蔡新会，2004：《中国城市化过程中的乡城劳动力迁移研究——根据人力资本投资的视角》，复旦大学博士学位论文。

［13］钞小静、沈坤荣，2014：《城乡收入差距、劳动力质量与中国经济增长》，《经济研究》第 6 期。

［14］陈斌开、张鹏飞、杨汝岱，2010：《政府教育投入、人力资本投资与中国城乡收入差距》，《管理世界》第 1 期。

［15］陈琳、袁志刚，2012：《中国代际收入流动性的趋势与内在传递机制》，《世界经济》第 6 期。

［16］陈欣欣、张林秀、罗斯高、史耀疆，2009：《父母外出与农村留守子女的学习表现——来自陕西省和宁夏回族自治区的调查》，《中国人口科学》第 5 期。

［17］陈映芳，2003：《征地农民的市民化——上海市的调查》，《华东师范大学学报（哲学社会科学版）》第 3 期。

［18］程名望，2007：《中国农村劳动力转移：机理、动因与障碍——一个理论框架与实证分析》，上海交通大学博士学位论文。

［19］程名望、乔茜、潘烜，2017：《农民工市民化指标体系及市民化程度测度——以上海市农民工为例》，《农业现代化研究》第 3 期。

［20］程名望、史清华、徐剑侠，2006：《中国劳动力转移动因与障碍的一种解释》，《经济研究》第 4 期。

［21］程业炳、张德化，2016：《农业转移人口市民化的制度障碍与路径

选择》，《社会科学家》第 7 期。

[22] 程云蕾，2013：《农民工职业能力培养长效机制构建》，《人民论坛》第 11 期。

[23] 池丽萍、俞国良，2011：《教育成就代际传递的机制：资本和沟通的视角》，《教育研究》第 9 期。

[24] 丁冬、郑风田，2015：《撤点并校：整合教育资源还是减少教育投入？——基于 1996—2009 年的省级面板数据分析》，《经济学（季刊）》第 1 期。

[25] 都阳、John Giles，2006：《城市劳动力市场上的就业冲击对家庭教育决策的影响》，《经济研究》第 4 期。

[26] 都阳、朴之水，2003：《劳动力迁移收入转移与贫困变化》，《中国农村观察》第 5 期。

[27] 段成荣、吕利丹、邹湘江，2013：《当前我国流动人口面临的主要问题和对策——基于 2010 年第六次全国人口普查数据的分析》，《人口研究》第 2 期。

[28] 段成荣、杨舸，2008：《我国农村留守儿童状况研究》，《人口研究》第 5 期。

[29] 段迎晖，2002：《关于收入分配公平与教育公平的辩证思考》，《经济问题探索》第 12 期。

[30] 高国力，1995：《区域经济发展与劳动力迁移》，《南开经济研究》第 2 期。

[31] 高梦滔、姚洋，2006：《农户收入差距的微观基础：物质资本还是人力资本》，《经济研究》第 12 期。

[32] 高一兰，2016：《人力资本、制度与我国农村劳动力迁移》，上海社会科学院博士学位论文。

[33] 辜胜阻、李睿、曹誉波，2014：《中国农民工市民化的二维路径选

择——以户籍改革为视角》，《中国人口科学》第 5 期。

[34] 郭力、陈浩、曹亚，2011：《产业转移与劳动力回流背景下农民工跨省流动意愿的影响因素分析——基于中部地区 6 省的农户调查》，《中国农村经济》第 6 期。

[35] 郭庆松，2011：《农民工市民化：破局体制的"顶层设计"》，《学术月刊》第 7 期。

[36] 郭志刚、陈功，1998：《老年人与子女之间的代际经济流量分析》，《人口研究》第 2 期。

[37] 国家统计局、联合国儿童基金会、联合国人口基金，2023：《2020 年中国儿童人口状况：事实与数据》。

[38] 国家统计局农村社会经济调查总队社区处，2000：《就业与流动：从人力资源向人力资本的转变——1999 年我国农村劳动力流动状况分析》，《调研世界》第 8 期。

[39] 国务院发展研究中心课题组，2011：《农民工市民化进程的总体态势与战略取向》，《改革》第 5 期。

[40] 韩俊、崔传义、金三林，2009：《现阶段我国农民工流动和就业的主要特点》，《发展研究》第 4 期。

[41] 何建新，2013：《城市化进程中农村转移劳动力的配置结构与配置效率研究》，华中农业大学博士学位论文。

[42] 贺雄，1998：《人力资本：城镇再就业工程的内在动力》，《学习与探索》第 4 期。

[43] 洪小良，2007：《城市农民工的家庭迁移行为及影响因素研究——以北京市为例》，《中国人口科学》第 6 期。

[44] 侯风云，2004：《中国农村人力资本收益率研究》，《经济研究》第 12 期。

[45] 侯力，2003：《劳动力流动对人力资本形成与配置的影响》，《人口

学刊》第 12 期。

[46] 胡枫、李善同，2009：《父母外出务工对农村留守儿童教育的影响——基于 5 城市农民工调查的实证分析》，《管理世界》第 2 期。

[47] 胡雯、陈昭玖、滕玉华，2016：《农民工市民化程度：基于制度供求视角的实证分析》，《农业技术经济》第 11 期。

[48] 黄锟，2009：《中国农民工市民化制度分析》，武汉大学博士学位论文。

[49] 黄锟，2011：《城乡二元制度对农民工市民化影响的实证分析》，《中国人口资源与环境》第 3 期。

[50] 黄宁阳、龚梦，2010：《农村劳动力跨省转移意愿的个体特征及家庭因素分析——基于农户调查的 Logit 回归模型》，《中国农村观察》第 2 期。

[51] 黄平、克莱尔，1998：《对农业的促进或冲击：中国农民外出务工时的村级研究》，《社会学研究》第 3 期。

[52] 黄祖辉、刘西川、程恩江，2009：《贫困地区农户正规信贷市场低参与程度的经验解释》，《经济研究》第 4 期。

[53] 简必希、宁光杰，2013：《教育异质性回报的对比研究》，《经济研究》第 2 期。

[54] 江金启、张广胜、杨肖丽，2016：《异质性培训、技能分化与农民工的工资收入决定》，《农业技术经济》第 10 期。

[55] 赖德胜，1998：《教育、劳动力市场与收入分配》，《经济研究》第 5 期。

[56] 李爱民，2019：《我国城乡融合发展的进程、问题与路径》，《宏观经济管理》第 2 期。

[57] 李飞、杜云素，2016：《城镇定居、户籍价值与农民工积分落户——基于中山市积分落户入围人员的调查》，《农业经济问题》第 8 期。

[58] 李富强、王立勇，2014：《人力资本、农村劳动力迁移与城镇化模

式——来自基于面板矫正型标准误的多期混合多项 Logit 模型的经验证据》，《经济学动态》第 10 期。

[59] 李海金，2023：《"外源内生"：乡村人才振兴的实现路径》，《人民论坛》第 17 期。

[60] 李竞能，1992：《当代西方人口学说》，山西人民出版社。

[61] 李培林，1996：《流动民工的社会网络和社会地位》，《社会学研究》第 4 期。

[62] 李培林，2001：《理性选择理论面临的挑战及其出路》，《社会学研究》第 6 期。

[63] 李强，2003：《影响中国城乡流动人口的推力与拉力因素分析》，《中国社会科学》第 1 期。

[64] 李强，2014：《农民工举家迁移的理论分析及检验》，《中国人口资源与环境》第 6 期。

[65] 李锐、朱喜，2007：《农户金融抑制及其福利损失的计量分析》，《经济研究》第 2 期。

[66] 李实、李文斌，1994：《中国教育投资的个人收益率的估计》，载于赵人伟等编《中国居民收入分配研究》，中国社会科学出版社，第 442 – 456 页。

[67] 李实、杨修娜，2015：《我国农民工培训效果分析》，《北京师范大学学报（社会科学版)》第 6 期。

[68] 李实，1997：《中国经济转轨中劳动力流动模型》，《经济研究》第 1 期。

[69] 李实，1999：《中国农村劳动力流动与收入增长和分配》，《中国社会科学》第 2 期。

[70] 李湘萍、郝克明，2007：《企业在职培训对员工收入增长、职业发展的影响》，《北京大学教育评论》第 1 期。

[71] 李永友、文云飞，2016：《中国排污权交易政策有效性研究——基于自然实验的实证分析》，《经济学家》第 5 期。

[72] 李云森，2013：《自选择、父母外出与留守儿童学习表现——基于不发达地区调查的实证研究》，《经济学（季刊）》第 3 期。

[73] 李佐军，2003：《劳动力转移的就业条件和制度条件》，中国社会科学院博士学位论文。

[74] 梁宏、任焰，2010：《流动还是留守？——农民工子女流动与否的决定因素分析》，《人口研究》第 2 期。

[75] 梁栩凌、廉串德，2014：《基于系统推进的农民工培训有效性影响因素分析——来自北京市农民工培训的实证调查》，《经济与管理研究》第 10 期。

[76] 刘传江、程建林，2008：《第二代农民工市民化：现状分析与进程测度》，《人口研究》第 5 期。

[77] 刘方涛、程云蕾，2015：《市民化：农民工向市民角色的转型》，光明日报出版社。

[78] 刘精明，2008：《中国基础教育领域中的机会不平等及其变化》，《中国社会科学》第 5 期。

[79] 刘静、沈亚芳，2017：《人口流动与教育资源再配置——基于教育承载力的视角》，《教育导刊》第 2 期。

[80] 刘静、张锦华，2021：《城市异质影响下的农民工市民化程度——基于需求可识别双变量 Probit 和 HLM 模型的测度与分析》，《浙江社会科学》第 10 期。

[81] 刘静、张锦华、沈亚芳，2017：《迁移特征与农村劳动力子女教育决策——基于全国流动人口动态监测数据的分析》，《复旦教育论坛》第 2 期。

[82] 刘庆玉，2015：《子女教育对农民工回迁的因果效应——基于

CHIP2008 农村人口数据的实证分析》,《经济学动态》第 5 期。

[83] 刘锐、曹广忠,2014:《中国农业转移人口市民化的空间特征与影响因素》,《地理科学进展》第 6 期。

[84] 刘松林、黄世为,2014:《我国农民工市民化进程指标体系的构建与测度》,《统计与决策》第 13 期。

[85] 刘万霞,2011:《我国农民工教育收益率的实证研究:职业教育对农民收入的影响分析》,《农业技术经济》第 5 期。

[86] 刘永平、陆铭,2008:《放松计划生育政策将如何影响经济增长:基于家庭养老视角的理论分析》,《经济学(季刊)》第 4 期。

[87] 刘泽云、邱牧远,2011:《中国农村工资性就业教育收益率研究》,《北京师范大学学报(社会科学版)》第 6 期。

[88] 卢继宏、廖桂蓉,2006:《农村劳动力迁移行为的人力资本效应探析》,《农村经济》第 9 期。

[89] 陆铭、高虹、佐藤宏,2012:《城市规模与包容性就业》,《中国社会科学》第 10 期。

[90] 陆旸、蔡昉,2013:《调整人口政策对中国长期潜在增长率的影响》,《劳动经济研究》第 12 期。

[91] 吕利丹、梅自颖、李睿等,2024:《中国农村留守儿童的最新状况和变动趋势:2010~2020》,《人口研究》第 1 期。

[92] 孟颖颖、邓大松,2011:《农民工城市融合中的"收入悖论"——以湖北省武汉市为例》,《中国人口科学》第 1 期。

[93] 宁光杰,2014:《中国大城市的工资高吗?——来自农村外出劳动力的收入证据》,《经济学(季刊)》第 3 期。

[94] 宁光杰、李瑞,2016:《城乡一体化进程中农民工流动范围与市民化差异》,《中国人口科学》第 4 期。

[95] 宁光杰、尹迪,2012:《自选择、培训与农村居民工资性收入提

高》，《中国农村经济》第 10 期。

[96] 牛建林，2015：《城市"用工荒"背景下流动人口的返乡决策与人力资本的关系》，《人口研究》第 3 期。

[97] 牛楠、王娜，2014：《转型期子女数量与人力资本积累对农村养老影响实证研究》，《中国农业大学学报（社会科学版）》第 4 期。

[98] 潘烜、程名望，2014：《农民工就业满意度与市民化关系的实证分析》，《经济体制改革》第 7 期。

[99] 戚伟、刘盛和、赵美风，2016：《中国城市流动人口及市民化压力分布格局研究》，《经济地理》第 5 期。

[100] 祁翔，2013：《父母受教育程度与子女人力资本投资——来自中国农村家庭的调查研究》，《教育学术学刊》第 10 期。

[101] 秦立建、王震，2014：《农民工城镇户籍转换意愿的影响因素分析》，《中国人口科学》第 5 期。

[102] 全国妇联课题组，2013：《全国农村留守儿童、城乡流动儿童状况研究报告》，《中国妇运》第 6 期。

[103] 任媛、安树伟，2011：《劳动力迁移、城市化发展与民工荒》，《经济学动态》第 5 期。

[104] 戎建，2004：《技术进步、人力资本与中国劳动力流动》，复旦大学博士学位论文。

[105] 戎建，2008：《迁移回报率与中国农村劳动力流动》，《中国农村经济》第 11 期。

[106] 盛来运，2005：《国外劳动力迁移理论的发展》，《统计研究》第 8 期。

[107] 宋锦、李实，2014：《农民工子女随迁决策的影响因素分析》，《中国农村经济》第 10 期。

[108] 宋铮，1999：《中国居民储蓄行为研究》，《金融研究》第 6 期。

［109］苏丽锋，2017：《中国流动人口市民化水平测算及影响因素研究》，《中国人口科学》第 2 期。

［110］孙三百，2015：《城市移民的收入增长效应有多大——兼论新型城镇化与户籍制度改革》，《财贸经济》第 9 期。

［111］孙三百、黄薇、洪俊杰，2012：《劳动力自由迁移为何如此重要？——基于代际收入流动的视角》，《经济研究》第 5 期。

［112］孙战文，2013：《农民工家庭迁移决策与迁移行为研究》，山东农业大学博士学位论文。

［113］孙中伟、刘林平，2018：《中国农民工问题与研究四十年：从"剩余劳动力"到"城市新移民"》，《学术月刊》第 11 期。

［114］谭深，2011：《中国农村留守儿童研究评述》，《中国社会科学》第 1 期。

［115］陶红、杨东平，2007：《我国高中学生学业成就与家庭背景关系的实证研究》，《清华大学教育研究》第 1 期。

［116］陶然、孔德华、曹广忠，2011：《流动还是留守：中国农村流动人口子女就学地选择与影响因素考察》，《中国农村经济》第 6 期。

［117］陶然、周慧敏，2012：《父母外出务工与农村留守儿童学习成绩——基于安徽、江西两省调查实证分析的新发现与政策含义》，《管理世界》第 8 期。

［118］陶西平，2012：《我国流动儿童教育问题的制约因素和政策出路》，《教育科学研究》第 5 期。

［119］涂圣伟，2023：《县域内率先破除城乡二元结构：现实价值与实现路径》，《山东社会科学》第 7 期。

［120］完善农村义务教育财政保障机制课题组，2005：《"两免一补"政策实施的宏观效果与前瞻》，《管理世界》第 7 期。

［121］王德文、蔡昉、张国庆，2008：《农村迁移劳动力就业与工资决

定：教育与培训的重要性》，《经济学（季刊）》第4期。

[122] 王格玮，2004：《地区间收入差距对农村劳动力迁移的影响——基于第五次全国人口普查数据的研究》，《经济学（季刊）》第10期。

[123] 王广慧、张世伟，2008：《教育对农村劳动力流动和收入的影响》，《中国农村经济》第9期。

[124] 王桂新、胡健，2015：《城市农民工社会保障与市民化意愿》，《人口学刊》第6期。

[125] 王康、拓宏伟，2013：《当前农村留守儿童教育问题研究》，《法制与社会》第24期。

[126] 王卫、汪锋、张宗益，2007：《基于人口特征的收入差距分解分析——以重庆市为案例》，《统计研究》第3期。

[127] 王小龙，2009：《义务教育"两免一补"政策对农户子女辍学的抑制效果——来自四省（区）四县（旗）二十四校的证据》，《经济学家》第4期。

[128] 王小龙、兰永生，2010：《农村劳动力转移对农户教育支出的冲击及财政政策含义》，《财贸经济》第12期。

[129] 王晓丽，2013：《从市民化角度修正中国城镇化水平》，《中国人口科学》第5期。

[130] 王迅，2008：《从人力资本理论视角看我国农村人力资本投资》，《农业经济问题》第4期。

[131] 王玉霞，2012：《农村劳动力转移培训的供给和需求研究》，南京农业大学博士学位论文。

[132] 王竹林，2010：《农民工市民化的资本困境及其缓解出路》，《农业经济问题》第2期。

[133] 王宗萍、段成荣、杨舸，2010：《我国农民工随迁子女状况研究——基于2005年全国1%人口抽样调查数据的分析》，《中国软科学》第

9 期。

[134] 魏后凯、苏红键，2013：《中国农业转移人口市民化进程研究》，《中国人口科学》第 5 期。

[135] 魏万青，2016：《自选择、职业发展与农民工同乡聚集的收入效应研究》，《社会学研究》第 5 期。

[136] 文军，2004：《农民市民化：从农民到市民的角色转型》，《华东师范大学学报（哲学社会科学版)》第 3 期。

[137] 翁杰，2012：《政府对农村转移劳动力人力资本投资的效果评估——来自浙江省杭州市制造业的调查》，《中国人口科学》第 6 期。

[138] 邬志辉、李静美，2016：《农民工随迁子女在城市接受义务教育的现实困境与政策选择》，《教育研究》第 9 期。

[139] 吴继煜，2006：《劳动力流动视角的人力资本效应认知》，《西北人口》第 6 期。

[140] 吴克明、田永坡，2008：《劳动力流动与教育收益率：理论与实证》，《华中师范大学学报（人文社会科学版)》第 11 期。

[141] 吴霓，2011：《农民工随迁子女异地中考政策研究》，《教育研究》第 11 期。

[142] 吴霓、朱富言，2014：《流动人口随迁子女在流入地升学考试政策分析》，《教育研究》第 4 期。

[143] 伍海霞，2011：《家庭子女的教育回报与亲代的养老回报——来自河北农村的调查发现》，《人口与发展》第 1 期。

[144] 伍山林，2006：《农民、农村与农业发展：制度分析与实证考察》，上海财经大学出版社。

[145] 伍山林，2014：《劳动力流动与收入分配：基于思想史的考察》，上海财经大学出版社。

[146] 武向荣，2009：《中国农民工人力资本收益率研究》，《青年研究》

第 4 期。

［147］夏丽霞、高君，2011：《新生代农民工进城就业问题与市民化的制度创新》，《农业现代化研究》第 1 期。

［148］夏柱智，2024：《从身份政治到区域差异：农民工研究视角的转换》，《理论月刊》第 10 期。

［149］肖卫，2013：《中国劳动力城乡流动、人力资源优化配置与经济增长》，《中国人口科学》第 1 期。

［150］谢桂华，2014：《"农转非"之后的社会经济地位获得研究》，《社会学研究》第 1 期。

［151］邢春冰、贾淑艳、李实，2013：《教育回报率的地区差异及其对劳动力流动的影响》，《经济研究》第 11 期。

［152］熊景维、钟涨宝，2016：《农民工家庭化迁移中的社会理性》，《中国农村观察》第 4 期。

［153］徐建玲，2008：《农民工市民化进程度量：理论探讨与实证分析》，《农业经济问题》第 9 期。

［154］徐卫，2014：《新生代农民工职业培训研究》，武汉大学博士学位论文。

［155］许抄军、陈四辉、王亚新，2015：《非正式制度视角的农民工市民化意愿及障碍——以湛江市为例》，《经济地理》第 12 期。

［156］许学强、周一星、宁越敏，2009：《城市地理学（第二版）》，高等教育出版社。

［157］许召元，2008：《农民工子女就学地选择的影响因素分析》，《中国农村观察》第 6 期。

［158］许召元、高颖、任婧玲，2008：《农民工子女就学地点选择的影响因素分析》，《中国农村观察》第 6 期。

［159］许召元、李善同，2008：《区域间劳动力迁移对经济增长和地区

差距的影响》，《数量经济技术经济研究》第 2 期。

[160] 颜敏，2012：《技能高中还是普通高中？——中国农村学生的教育选择》，《中国农村经济》第 9 期。

[161] 杨传开，2016：《中国多尺度城镇化的人口集聚与动力机制——基于人口流动的视角》，华东师范大学博士学位论文。

[162] 杨舸、段成荣、王宗萍，2011：《流动还是留守：流动人口子女随迁的选择性及其影响因素分析》，《中国农业大学学报（社会科学版）》第 3 期。

[163] 杨明洪，2001：《论西方人力资本理论的研究主线与思路》，《经济评论》第 1 期。

[164] 杨仁发，2013：《产业集聚与地区工资差异——基于我国 269 个城市的实证研究》，《管理世界》第 8 期。

[165] 杨云彦、石智雷，2008：《家庭禀赋对农民外出务工行为的影响》，《中国人口科学》第 5 期。

[166] 姚先国、张海峰，2004：《中国教育回报率估计及其城乡差异分析——以浙江、广东、湖南、安徽等省的调查数据为基础》，《财经论丛》第 6 期。

[167] 叶俊焘、钱文荣，2016：《不同规模城市农民工市民化意愿及新型城镇化的路径选择》，《浙江社会科学》第 5 期。

[168] 叶鹏飞，2011：《农民工的城市定居意愿研究：基于七省（区）调查数据的实证分析》，《社会》第 2 期。

[169] 游和远、吴次芳、鲍海君，2013：《农地流转、非农就业与农地转出户福利——来自黔浙鲁农户的证据》，《农业经济问题》第 3 期。

[170] 于建嵘，2010：《市民待遇是农民工市民化的关键》，《农村工作通讯》第 18 期。

[171] 袁振国、吴霓、田慧生，2012：《农民工子女教育问题研究》，经

济科学出版社。

[172] 袁志刚、高虹，2015：《中国城市制造业就业对服务业就业的乘数效应》，《经济研究》第 7 期。

[173] 原新、高瑷、李竞博，2017：《人口红利概念及对中国人口红利的再认识——聚焦于人口机会的分析》，《中国人口科学》第 6 期。

[174] 张斐，2011：《新生代农民工市民化现状及影响因素分析》，《人口研究》第 6 期。

[175] 张锦华，2008：《教育溢出、教育贫困与教育补偿——外部性视角下弱势家庭和弱势地区的教育补偿机制研究》，《教育研究》第 7 期。

[176] 张锦华、刘静，2018：《农民工教育回报的迁移效应及异质性考察》，《农业技术经济》第 1 期。

[177] 张雷、雷雳、郭伯良，2003：《多层线性模型应用》，教育科学出版社。

[178] 张世伟、王广慧，2010：《培训对农民工收入的影响》，《人口与经济》第 1 期。

[179] 张苏、曾庆宝，2011：《教育的人力资本代际传递效应评述》，《经济学动态》第 8 期。

[180] 张同斌，2016：《从数量型"人口红利"到质量型"人力资本红利"——兼论中国经济增长的动力转换机制》，《经济科学》第 5 期。

[181] 张文娟、李树苗，2004：《农村老年人家庭代际支持研究——运用指数混合模型验证合作群体理论》，《统计研究》第 5 期。

[182] 张翼、周小刚，2012：《我国流动人口子女受教育状况调查报告》，《调研世界》第 1 期。

[183] 张永强、杨中全，2010：《中国西部农村家庭教育决策实证研究》，《中国青年政治学院学报》第 6 期。

[184] 赵海，2013：《教育和培训哪个更重要——对我国农民工人力资

本回报率的实证分析》,《农业技术经济》第 1 期。

[185] 赵海、彭代彦,2009:《农户人力资本投资与工资性收入增长的实证分析》,《农业技术经济》第 4 期。

[186] 赵力涛,2006:《中国农村的教育收益率研究》,《中国社会科学》第 3 期。

[187] 赵显洲,2012:《人力资本、市场分割与农民工的工资决定》,《农业经济问题》第 4 期。

[188] 赵耀辉,1997:《中国农村劳动力流动及教育在其中的作用——以四川省为基础的研究》,《经济研究》第 2 期。

[189] 中共中央政策研究室农村组,1994:《关于农村劳动力跨区域流动问题的初步研究》,《中国农村经济》第 2 期。

[190] 周密、张广胜、黄利,2012:《新生代农民工市民化程度的测度》,《农业技术经济》第 1 期。

[191] 周其仁,1997:《机会与能力——中国农村劳动力的就业和流动》,《管理世界》第 5 期。

[192] 周亚虹、许玲丽、夏正青,2010:《从农村职业教育看人力资本对农村家庭的贡献:基于苏北农村家庭微观数据的实证分析》,《经济研究》第 8 期。

[193] 朱建军、胡继连,2015:《农地流转对我国农民收入分配的影响研究——基于中国健康与养老追踪调查数据》,《南京农业大学学报(社会科学版)》第 3 期。

[194] 朱沙,2010:《政府保障高等教育公平的财政政策研究》,西南财经大学博士学位论文。

[195] 祝仲坤,2017:《农民工返乡建房行为研究——基于推拉理论的解释框架》,《经济体制改革》第 3 期。

[196] 邹薇、郑浩,2014:《贫困家庭的孩子为什么不读书:风险、人

力资本代际传递和贫困陷阱》,《经济学动态》第 6 期。

［197］Alasia, A. , Weersink, A. , Bollman, R. D. , Cranfield, J. , 2009, "Off-farm Labor Decision of Canadian Farm Operators: Urbanization Effect and Rural Labor Market Linkages", *Journal of Rural Studies*, Vol. 25, No. 1, pp 12 - 24.

［198］Arrow, K. J. , 1962, "The Economic Implications of Learning by Doing", *The Review of Economic Studies*, Vol. 29, No. 3, pp 155 - 173.

［199］Barnett, V. , Lewis, T. , 1994, *Outliers in Statistical Data.* Chichester: John Wiley.

［200］Bassi, L. , 1984, "Estimating the Effects of Training Programs with Nonrandom Selection", *Review of Economics and Statistics*, Vol. 66, No. 1, pp 36 - 43.

［201］Becker, G. S. , 1964, *Human Capital*, Chicago: The University of Chicago Press.

［202］Becker, G. S. , 1975, *Human Capital* (2nd ed.), New York: Columbia University Press.

［203］Bogue, D. J. , 1959, *Internal Migration in Hauser Duncan*, *The Study of Population: An Inventory Appraisal*, Chicago: University of Chicago Press.

［204］Borjas, G. J. , 1987, "Self-Selection and Earnings of Immigration", *American Economics Review*, Vol. 77, No. 4, pp 531 - 553.

［205］Cahuc, P. , Zylberberg, A. , 2004, *Labor Economics*, Cambridge, Massachusetts: The MIT Press.

［206］Cai, F. , Du, Y. , "Wage Increases, Wage Convergence and the Lewis Turning Point in China", *China Economic Review*, Vol. 22, No. 4, pp 601 - 610.

［207］Cerrutti, M. , Massey, D. S. , 2001, "On the Auspices of Female Migration from Mexico to the United States", *Demography*, Vol. 38, No. 2, pp 187 – 200.

［208］Chen, Y. , Feng, S. , 2013, "Access to Public Schools and the Education of Migrant Children in China", *China Economic Review*, Vol. 26, No. 1, pp 75 – 88.

［209］Chiswick, B. R. , 1999, "Are Immigrants Favorably Self-Selected?", *American Economics Review*, Vol. 89, No. 2, pp 181 – 185.

［210］Cohen, D. J. , 1988, "Statistical Power Analysis for the Behavioral Sciences", *Technometrics*, Vol. 31, No. 4, pp 499 – 500.

［211］Cragg, J. G. , 1971, "Some Statistical Models for Limited Dependent Variables with Application to the Demand for Durable Goods", *Econometrica*, Vol. 39, No. 5, pp 829 – 844.

［212］de Braum, A. , Huang, J. , Rozelle, S. , Zhang, L. , Zhang, Y. , 2002, "The Evolution of China's Rural Labor Markets during the Reforms: Rapid, Accelerating, Transforming", *Journal of Comparative Economics*, Vol. 30, No. 2, pp 329 – 352.

［213］de Braum, A. , Rozelle, S. , 2008, "Reconciling the Return to Education in Off-Farm Wage Employment in Rural China", *Review of Development Economics*, Vol. 12, No. 1, pp 57 – 71.

［214］Edwards, C. , Ureta, M. , 2003, "International Migration, Remittances, and Schooling: Evidence from El Salvador", *Journal of Development Economics*, Vol. 72, No. 2, pp 429 – 461.

［215］Efron, B. , Tibshirani, R. , 1993, *An Introduction to the Bootstrap*, Boca Raton: CRC Press.

［216］Ehrlich, I. , Liu, F. , 1991, "Inter-generational Trade, Longevity and Economic Growth", *Journal of Political Economy*, Vol. 99, No. 5, pp 1029 – 1059.

[217] Ernesto, A., Crhistian, I. R., 2011, "Migration from Mexico to the United States: Wage Benefits of Crossing the Border and Going to the U. S. Interior", *Politics and Policy*, Vol. 39, No. 1, pp 119 – 140.

[218] Fan, C. C., Sun, M. J., 2008, "Regional inequality in China 1978 – 2006", *Eurasian Geography and Economics*, Vol. 49, No. 1, pp 1 – 20.

[219] Fields, G. S., 2003, Accounting for Income Inequality and Its Change: A New Method, with Application to the Distribution of Earnings in the United States, Emerald Group Publishing Limited.

[220] Fujiu, H., Yano, M., 2008, "Altruism as a Motive for Inter-generational Transfers", *International Journal of Economic Theory*, Vol. 1, No. 1, pp 95 – 114.

[221] Gawley, T. R., 2003, Train in Vein? Estimating the Influence of Training Participation on the Labour Market Outcomes of Canadians During the 1990s, University of Waterloo.

[222] Glaeser, E. L., Mare, D. C., 1994, "Cities and Skills", *Journal of Urban Economics*, Vol. 19, No. 2, pp 316 – 342.

[223] Glaeser, E. L., Xiong, W., 2017, Urban Productivity in the Developing World, NBER Working Papers.

[224] Greene, W. H., 1993, *Econometric Analysis (2nd edition)*, NJ: Prentice Hall.

[225] Green, F., Hoskins, M., Montgomery, S., 1996, "The Effects of Company Training Further Education and the Youth Training Scheme on the Earnings of Young Employees", *Oxford Bulletin of Economics and Statistics*, Vol. 58, No. 3, pp 469 – 488.

[226] Guo, M., Chi, I., Silverstein, M., 2011, "Family as a Context: the Influence of Family Composition and Family Geographic Dispersion on Inter-generational Relationships among Chinese Elderly", *International Journal of Social Welfare*, Vol. 20, No. 1, pp 18 – 29.

[227] Guryan, J., Hurst, E., Kearney, M., 2008, "Parental Education and Parental time with Children", *Journal of Economic Perspectives*, Vol. 22, No. 3, pp 23 – 46.

[228] Haan, M. D., Plug, E., 2011, "Estimation Intergenerational Schooling Mobility on Censored Samples: Consequences and Remedies", *Journal of Applied Economics*, Vol. 26, No. 1, pp 151 – 166.

[229] Hagen-Zanker, J., 2008, Why Do People Migrate? A Review of the Theoretical Literature, Social Science Electronic Publishing.

[230] Hare, D., 1999, "'Push' versus 'Pull' Factors in Migration Outflows and Returns: Determinants of Migration Status and Spell Duration among China's Rural Population", *Journal of Development Studies*, Vol. 35, No. 3, pp 45 – 72.

[231] Johnson, E. N., Chow, G. C., 2010, "Rates of Return to Schooling in China", *Pacific Economic Review*, Vol. 2, No. 2, pp 101 – 113.

[232] Kandel, W., Kao, G., 2001, "The Impact of Temporary Labor Migration on Mexican Children's Educational Aspirations and Performance", *International Migration Review*, Vol. 35, No. 4, pp 1205 – 1231.

[233] Kirchsteiger G., Sebald, A., 2010, "Investments into Education: Doing As the Parents Did", *European Economic Review*, Vol. 54, No. 4, pp 501 – 516.

[234] Lee, E. S., 1966, "A Theory of Migration", *Demography*, Vol. 3, No. 1, pp 47 – 57.

［235］Liang, Z. , Chen, Y. P. , 2007, "The Educational Consequences of Migration for Children in China", *Social Science Research*, Vol. 36, No. 1, pp 28 – 47.

［236］Lillard, L. A. , Tan, H. W. , 1992, "Private-Sector Training: Who gets it and What are its Effects", *Research in Labor Economics*, Vol. 13, No. 1, pp 1 – 62.

［237］Lucas, R. , 2004, "Life Earning and Rural-urban Migration", *Journal of Political Economy*, Vol. 112, No. 1, pp 29 – 59.

［238］Maddala, G. S. , 1983, *Limited-Dependent and Qualitative Variables in Econometrics*, Cambridge: Cambridge University Press.

［239］Marianne, P. B. , Jonah, B. G. , Hilary, W. H. , 2003, "Some Evidence on Race, Welfare Reform and Household Income", *The American Economic Review*, Vol. 93, No. 2, pp 293 – 298.

［240］Marshall, A. , 1890, *Principles of Economic*, London: Macmillan.

［241］Ma, Z. D. , Liaw, K. L. , 1997, "Explaining Hierarchical and Interprovincial Migrations of Chinese Young Adults by Personal Factors and Place Attributes: A Nested Logit Analysis", *Mathematical Population Studies*, Vol. 6, No. 3, pp 217 – 239.

［242］Mckenzie, D. , Rapoport, H. , 2006, "Can Migration Reduce Educational Attainment? Evidence from Mexico", *Journal of Population Economics*, Vol. 24, No. 4, pp 1331 – 1358.

［243］Mincer, J. , 1978, "Family migration decisions", *Journal of Political Economy*, Vol. 86, No. 5, pp 749 – 773.

［244］Mincer, J. , 1962, "On-the-Job Training: Cost, Returns and Some Implications", *Journal of Political Economy*, Vol. 70, No. 5, pp 50 – 79.

［245］Plug, E. , Vijverberg, W. , 2005, "Does Family Income Matter for

Schooling Outcomes? Using Adoptees as a Natural Experiment", *Economic Journal*, Vol. 115, No. 11, pp 879 – 906.

[246] Poirier, D. J. , 1980, "Partial Observability in Bivariate Probit Models", *Journal of Econometrics*, Vol. 12, No. 2, pp 209 – 217.

[247] Ravenstein, E. G. , 1885, "The laws of migration", *Journal of the Statistical Society of London*, Vol. 48, No. 2, pp 167 – 235.

[248] Roberts, K. D. , 1997, "China's Tidal Wave of Migrant Labor: What can We Learn from Mexican Undocumented Migration to the United States?", *International Migration Review*, Vol. 31, No. 2, pp 249 – 293.

[249] Robles, V. , Oropesa, R. , 2011, "International Migration and the Education of Children: Evidence from Lima, Peru", *Population Research and Policy Review*, Vol. 30, No. 4, pp 591 – 618.

[250] Rosenbaum, P. R. , Rubin, D. B. , 1983, "The Central Role of the Propensity Score in Observational Studies for Causal Effects", *Biometrika*, Vol. 70, No. 1, pp 41 – 55.

[251] Rothenberg, T. J. , 1971, "Identification in Parametric Models", *Econometrica*, Vol. 39, No. 3, pp 577 – 591.

[252] Satpathy, I. , Patnaik, B. C. M. , Mandal, A. , 2014, "Determinants of Migration: A Review of Literature", *Chirurgia Narzadow Ruchu I Ortopedia Polska*, Vol. 4, No. 4, pp 349 – 357.

[253] Schultz, T. W. , 1961, "Investment in Human Capital", *American Economics Review*, Vol. 51, No. 3, pp 1 – 17.

[254] Sjaastad, L. A. , 1962, "The Costs and Returns of Human Migration", *The Journal of Political Economy*, Vol. 70, No. 5, pp 80 – 93.

[255] Stark, O. , 1984, "Rural-to-urban migration in LDCs: a relative deprivation approach", *Economic Development and Cultural Change*, Vol. 32,

No. 3，pp 475 – 486.

［256］Stark，O.，Taylor，J. E.，1991，"Migration Incentives，Migration Types：The Role of Relative Deprivation"，*The Economic Journal*，Vol. 101，No. 408，pp 1163 – 1178.

［257］Treiman，D. J.，1997，"The Impact of the Cultural Revolution on Trends in Educational Attainment in the People's Republic of China"，*The American Journal of Sociology*，Vol. 103，No. 2，pp 391 – 428.

［258］Welch，F.，1970，"Education in Production"，*Journal of Political Economy*，Vol. 78，No. 1，pp 35 – 59.

［259］Wooldridge，2008，*Econometric Analysis of Cross Section and Panel Data*，Cambridge Massachusetts：MIT Press.

［260］Wu，Z.，2010，"Self-selection and Earnings of Migrants：Evidence from Rural China"，*Asian Economic Journal*，Vol. 24，No. 1，pp 23 – 44.

［261］Wu，Z.，Yao，S.，2003，"Intermigration and Intramigration in China：A Theoretical and Empirical Analysis"，*China Economic Review*，Vol. 14，No. 4，pp 371 – 385.

［262］Zhang，J.，1995，"Social Security and Endogenous Growth"，*Journal of Public Economics*，Vol. 58，No. 2，pp 185 – 213.

［263］Zimmer，Z.，Kwong，J.，2003，"Family Size and Support of Older Adults in Urban and Rural China：Current Effects and Future Implication"，*Demography*，Vol. 40，No. 1，pp 23 – 44.

图书在版编目（CIP）数据

农村劳动力迁移的人力资本效应研究 / 刘静著.
北京 ： 经济科学出版社，2025. 4. -- ISBN 978 - 7 - 5218 -
6870 - 8

Ⅰ. F323. 6；F249. 21

中国国家版本馆 CIP 数据核字第 2025E56K89 号

责任编辑：周国强
责任校对：孙　晨
责任印制：张佳裕

农村劳动力迁移的人力资本效应研究
NONGCUN LAODONGLI QIANYI DE RENLI ZIBEN XIAOYING YANJIU
刘　静　著
经济科学出版社出版、发行　新华书店经销
社址：北京市海淀区阜成路甲 28 号　邮编：100142
总编部电话：010 - 88191217　发行部电话：010 - 88191522
网址：www. esp. com. cn
电子邮箱：esp@ esp. com. cn
天猫网店：经济科学出版社旗舰店
网址：http：// jjkxcbs. tmall. com
北京季蜂印刷有限公司印装
710 × 1000　16 开　13 印张　200000 字
2025 年 4 月第 1 版　2025 年 4 月第 1 次印刷
ISBN 978 - 7 - 5218 - 6870 - 8　定价：86.00 元
（图书出现印装问题，本社负责调换。电话：010 - 88191545）
（版权所有　侵权必究　打击盗版　举报热线：010 - 88191661
QQ：2242791300　营销中心电话：010 - 88191537
电子邮箱：dbts@ esp. com. cn）